BOOK

新自然主義

BOOK

新自然主義

慢活 · 友善 · 永續
Green Transport
以人為本的運輸環境, 讓城市更流暢、生活更精采

綠色
交通

推動綠色交通，打造永續環境！

交通決定城市的樣貌，更決定城市居民的生活品質。綠色交通係指利用對環境、健康及能源使用等較為有利的交通運輸工具，來滿足生活需求並提高生活品質，不僅避免受到交通污染帶來的危害，更可透過交通過程帶來健康，交通工具已不僅是「生活工具」，也是「生活空間」。推動綠色交通可有效降低車輛的污染排放，改善環境生態與居住品質，維護民眾健康，實為提升城市宜居性的重要一環。

環保署基於環境保護的職責，除持續加嚴車輛之污染管制標準與落實執行外，並與相關部會通力合作，推動各種低污染車輛與交通運輸。另透過推廣地方建置公共自行車租賃系統，提供連結大眾運輸之接駁。自 2008 年起已陸續補助高雄市、台北市、新北市、台中市及彰化縣等地方政府辦理公共自行車租賃系統規劃及完成初期推廣措施，目前蔚為風潮，不僅帶動城市發展及觀光，更成為推動低碳城市之亮點。

為減少細懸浮微粒之排放，進一步改善空氣品質，行政院於 2015 年 8 月核定「清淨空氣行動計畫」，推動 8 大近程強化措施，已納入推動民眾使用電動機車、電動自行車及電動輔助自行車等電動二輪車、推動電動公車及電動蔬果運輸車，及推動柴油車加裝濾煙器等，相關措施推動成功與否，最重要的是有賴民眾共同來配合。

本書深入淺出闡述綠色交通的概念，提出不少創新觀點及作法，並介紹綠色城市典範及國內相關作為，讓人在愉快的閱讀中綜覽並體驗綠色交通，十分值得推薦給大家。在此也期許大家能由自我做起，推動綠色交通，打造永續環境。好的環境品質，需要你我不分彼此，齊心共努力。

魏國彥

魏國彥
（行政院環境保護署署長）

人本的綠色交通
友善宜居城市的具體指標

隨著全球暖化、氣候變遷年年加劇，世界各大都市都意識到必須正視各種減碳行動以及永續經營策略，以建立穩定、安全，並符合市民生活需求的宜居城市。

由於快速工業化，台灣從七〇年代每年平均只發生 3 次洪水災害；到了九〇年代之後，已攀升到 5.6 次，而且受害程度也不斷增加。而反思災害頻繁的原因，主要就是人為不當開發，以及因不當開發所加速的全球暖化、氣候變遷，使極端氣候型態逐漸成為常態。

高雄是台灣最重要的工業都市，長久以來境內各種工廠林立，雖然為創造驚人產值，但也留下可觀污染。近年來，我們轉變建設思維，本於永續環境思維，有計劃的持續加強本市環境保護，逐漸遷移高污染、高耗能工業，轉型發展綠能及文創產業。在此基礎上，成立高雄市永續發展委員，兼顧推動綠色經濟與提升市民生活品質。

過去因為著重產業發展，而把機動車當作主要交通工具的策略，已經受到嚴格挑戰，歐盟分析已認為這將成為全球碳排放最嚴重的來源，並且抵銷其他部門的努力！在各部門都全力往綠建築、乾淨能源發展同時，若交通運輸不在此時展開行動，可以想見未來綠建築林立、乾淨能源普及，街道綠樹成蔭，只有路上壅塞難行、烏煙瘴氣！這樣的情景絕非大家所樂見。

高雄市政府近年來致力於推動都市永續發展及低碳運輸系統建置，

已經獲得國內外各項環境及競爭力高度讚賞，除榮獲美國 CNN 媒
體評選為亞洲五大適合騎乘都市第三名而聞名國際外，更是台灣第
一個，也是唯一簽署「國際低碳運輸聯盟宣言（EcoMobility Alliance
Declaration）」的都市。過去因重工業及國營事業聚集，二氧化碳排
放量幾乎是各縣市之最的高雄，如今在環境改善上陸續得到各種獎
項肯定，真是得來不易，彌足珍惜。

細數我們幾個主要的努力：

一、高雄捷運 2008 年 3 月開始通車營運，每日平均運量由通車第一
　　個月的 93,850 人次，到 2013 年 8 月已經成長為日運量 174,901
　　人次。目前積極推動優惠票價，並增加接駁公車至 42 條，提升
　　捷運運量。

二、全國第一條輕軌動工，全長 8.7 公里，沿途設置 14 個站，賦予
　　台鐵東西臨港線新運輸功能，並於 2016 年 1 月通車 4 個車站。

三、公共運輸量在 2012 年首度突破一億人次，2013 上半年比前一
　　年同期成長 3.31%。2013 年也陸續完成「六大轉運中心」的建
　　置，完成區區有公車目標，實現大高雄 30 分鐘生活圈的目標。
　　同時調整公車路線、班距發展棋盤幹線公車計畫，公車數量並
　　以增添已至 1,000 輛，服務加倍便捷。

四、自行車道路網建置在 2013 年已經超過 560 公里，2014 年底達
　　成總里程 700 公里的目標。公共自行車系統累積使用量 240 萬
　　人次，租賃點不僅密度全台最高，未來還將持續擴增，到今年
　　底將達到 160 點。

五、透過騎樓整平、機車退出騎樓人行道等專案營造友善的人行環境，保障市民的通行權，2008 至 2010 年已連續三年獲得全國人行環境大獎的肯定。

六、電動機車免費充電站服務超過 200 站，帶動電動機車普及使用，目前設籍電動機車 6000 輛居全國之冠。同時擴充氫能節油公車，首創全國的電動公車車隊投入國 10 快捷公車及旗美地區觀光公車服務。

七、持續推動捷運岡山路竹延伸線、屏東延伸線、環狀輕軌、水岸輕軌等後期運輸系統。建置完成前實施棋盤幹線公車先導計畫及公車轉乘免費措施培養運量。

八、推動無障礙公共運輸，擴充復康巴士車隊，並持續引進配置有輪椅空間的低底板公車，提供身心障礙市民更多元的運輸服務；今年更是成立首支無障礙計程車隊，滿足更多市民的交通需求。

本書是台灣公部門結合民間與學界出版第一本介紹綠色交通的大眾普及書，大量導入全球有關綠色交通的最新趨勢，並從使用者角度來描寫，將抽象的運輸概念轉為生活意象，也記錄了高雄多年來的努力與階段性成果。

希望藉此提供市府的主人——市民們以新觀念來督促市府繼續努力；更以新行動來實踐綠色交通。讓我們繼續攜手推動，未來的高雄，將是人人爭相遷入的宜居城市！

陳 菊　陳菊
（高雄市市長）

從減少污染起始，到觀念翻轉的綠色交通新視野

高雄推動綠色交通的腳步非常早。在以重化工業為都市產業發展策略的高雄，空氣污染一直是環保工作的難以承受之重，在縣市合併前，高雄市人均排放量高達 22.31 公噸 / 年，遠高於台灣人均排放量 11.53 公噸 / 年（2008 年）及全球平均 4.39 公噸 / 年（2010 年）。而懸浮微粒及臭氧長期位於空氣品質三級防制區，單純的排放標準管制策略已不足以改善污染狀況，環保局責無旁貸地必須投入以更多的更靈活的視野與思考來面對這樣的難題。推動高雄的綠色交通，便是起源於希望改善如此嚴重空氣污染的重要處方之一。

在汰換污染性交通工具及替代能源上，高雄是全國最早推出汰換二行程機車補助政策的都市，在公部門鼓勵下，2012 年的汰換數量即佔全國的 6 成 4。縣市合併後，全市機車多達 230 多萬輛，其中有 50 萬輛二行程機車，因此我們領先全國提出「高雄市環境維護管理自治條例」草案，明文列管工廠之排碳量在 2020 年時必須降低 6%，也訂下 2023 年底前完全汰換二行程機車的目標。除此之外，為了提高民眾選用電動機車的誘因，我們在全市普遍性的建置公共充電設施，營造電動機車上路的友善環境。我們也鼓勵業者將收購舊車、洗掃街道等方式納入減碳抵換的計算。

但我們也了解到，僅對現有的污染源祭出減量措施，對於改善空氣污染，要符合國際潮流、邁向永續低碳的宜居城市是不足夠的。唯

有有系統的、全面性的鼓勵對環境友善的產業、以及乾淨的都市運輸系統，才是根本之道。在世界各都市以蔚為風潮的「綠色交通」所涵括「公共運輸系統」、「自行車及步行」與「低污染運具」等，正是一種全面改造交通系統及環境的做法，其對都市的影響，不只涉及都市空間結構的轉變，更挑戰了市民的交通習慣。

近年來高雄市透過空污基金的挹注，積極建構公共單車系統，讓公共腳踏車成為高雄市公共運輸的一環；也透過票價的補貼機制，和學校及各大型企業合作，推出專用通勤票証及轉乘優惠，提高捷運乃至於公車等公共運輸系統的使用率，都是希望能引導更多民眾接受、習慣、認同交通模式的改變。

在這本書中，我們可以看到各國都市如何從以車為本的建設導向，逐漸轉變為建立以人為本的運輸環境，並逐漸擺脫都市移動污染源彌漫的泥淖，這些範例具體地展現一個發展綠色交通的都市所呈現的面貌，也正是我們希望讀者能夠理解的交通思維、想像一個低碳運輸都市，並樂於多加利用大眾運輸系統和低碳交通工具。從今年暑假公共自行車觀光及運動休閒使用人次突破 20 萬的歷史新高，也讓我們樂觀的預見，以汽機車為主體的傳統交通觀念已經逐步在翻轉，會有越來越多的市民，願意享受友善、安全、乾淨、便捷的綠色交通。

陳金德 陳金德
（高雄市副市長）

看國際、看國內，
共享運輸是台灣的未來路

本書用清晰簡易的文字，涵納了綠色運輸的觀念，綜整國內、國外綠色運輸典範城市的核心價值及作為，有廣博的視野，也有內在的自省，讓專業者及一般讀者都可以輕鬆吸取綠色運輸的廣泛經驗。

台北的高密度發展，眾多的機車交通量，我們難以走向如丹麥、荷蘭的自行車城市。但共享運輸（公共運輸）解決了擾人的停車問題，將是高密度發展城市的最佳交通解方。台北有世界一流的捷運、公車及公共自行車（U-bike），足以讓我們構建無縫整合、且高及戶性的公共運輸；多元混合使用的土地使用，加上 2015 年 12 月實施汽車停車全面收費，共享汽車業者認同台北市具有高潛力來推展共享汽車服務。從公車、捷運、U-bike 到未來的共享汽機車，共享運輸將成為是台北的運輸發展主軸。

未來我們不僅拓展 U-bike 站點，達到 350 公尺內都可以找到 U-bike 站的便利性；面對台灣多車種混流的交通環境，把自行車搬離主幹道車道、與行人分流共用人行道，是現階段唯一可以提升機車、自行車安全的方式，為台北推展公共自行車的必要配套；共享汽車將是台北的下一步，再來是共享機車；我們希望用完善的共享運輸服務，讓人不用買車，可以在台北自在、便利、健康的移動。同時，正視機車問題，讓機車成為安全、有序、可管理的運具，更希望因為面對機車問題，找出有效改善作為，讓台灣企業因機車樹立全球獨特的專業技術，為更多城市解決機車衍生的問題。

台灣是個非常特殊的島嶼，擁有各種交通系統，從高鐵到輕軌、BRT、纜車、U-bike，堪稱交通運具的櫥窗；我們可以挑戰騎自行車一日完成從台北到高雄（雙城），甚至從基隆富貴角到屏東鵝鑾鼻燈塔（雙塔），我們有上山下海、城市、鄉村豐富的自行車風情；我們應該善用交通系統資源及特殊的地理條件，讓台灣成為共享運輸及自行車發展的典範場域。是否有一天，台北市空氣中 PM2.5 可以符合聯合國低於 12 微克的標準，因為當天只使用公共運輸、自行車，沒有機汽車！希望大家一起來推動全市無車日的落地實現。

鍾慧諭 鍾慧諭
（臺北市政府交通局局長）

為交通專業立下了新典範

欣聞綠色交通教父張教授率領專業夥伴群撰寫綠色交通一書，不僅為交通專業立下了新典範，也對都市發展朝向低碳永續、安全健康做了最佳的詮釋。

都市交通系統主要由人、車、路三大元素所構成，元素間互動決定了系統的良窳。其中節能減碳新運具（車）的開發有賴高科技企業廠商的研發突破；運輸設施環境（路）的建設要靠規劃專業者的精心擘畫；而最重要的消費大眾（人）就需從心靈及行為注入改造的基因。

本書內容淺顯易懂，對綠色交通新技術、新能源及新觀念的啟迪，相當有助益。書中深入淺出地介紹如何打造都市友善環境的策略，並廣泛地比較國際綠色交通都市的各種特色，非常適合對交通運輸及都市規劃關心的大眾輕鬆閱讀、細細品味。期待各階層、不同領域的讀者共同為綠色交通努力。

白仁德
（政治大學地政學系教授）

學孔以及人本交通

學孔利用他獨特的觀察力和遠見去瞭解什麼是綠色交通，他以專業及國際化的觀點來看他的國家－台灣所面臨的交通挑戰。更重要的是，他以西歐等先進國家作為比較和學習的對象，並自成一個實用的方法。

「綠色交通」正是目前運輸規劃人員與決策者所需要的。因為他們逐漸地意識到過去交通規劃思維已不足以處理眼前的問題，亟需找尋更好、更新、更有效率、又能兼顧公平正義的方法。這些新的方法，就是張教授在這本書所提到的方法，而這正是一個新的開始。

學孔的論述有別於傳統，他的出發點並非來自一般的基礎建設、交通工具或者是我們所追求的高科技，更不是一般對於綠色交通僅顧及「環境」的傳統印象。相反的，他選擇去分析人們在日常生活中對「機動力」和「可及性」的運輸需求，也就是他所主張的「人本交通」；尤其特別關注某些弱勢群體及偏遠地區所面臨之交通、機動力不足的問題。

為了能跨越傳統交通運輸的圍籬，張教授將許多的心力傾注於「先進交通運輸」這個尚未被積極開發的廣闊領域裡、思辯並檢視行為的改變、資訊與交通運輸彼此之關聯及應用，以提供台灣、亞洲，甚至全世界的都市及決策者作為政策規劃參考依據。

如果您關心或是想要更深入瞭解台灣的交通問題，這本書是您一定要讀的。

如果您對於亞洲都市之交通問題有興趣，這本書您不容錯過。

當然，不論世界任一國度，只要您想瞭解如何以更有效率、更好的方式，處理都市裡棘手的交通問題，兼顧效率與公平正義，我向您大力推薦，好好讀這本書吧！

Eric Britton
（世界無車日發起人）

Jason Chang and people-centered transportation

Professor Jason Chang has produced a book of exceptional insight and foresight concerning matters relating to the greening of our transportation systems. He looks at the transportation challenges in his home country, Taiwan, from an expert international perspective, in particular looking to Western Europe as a source of comparisons and eventual useful ideas.

"Green Transport" comes at just the right time for transportation planners and policymakers in Taiwan, as they are becoming increasingly aware of the shortcomings of more traditional transportation approaches -- and are thus increasingly on the lookout for new conceptual approaches to the challenges of better and fairer transport in cities. More of the same, Chang tells us, can only take you so far. His approach is unusual, taking as a point of departure neither infrastructure nor transport modes nor technology -- and not even the "environment" as might be expected from the title. Rather he chooses to begin his analysis looking into the mobility and access needs of people in their day-to-day lives, "people-centered transportation" as he calls it. And within this framework he gives special attention to the traditionally less well met mobility issues and needs of less favored groups and underserved areas.

Reaching beyond the boundaries of classic transportation practices, he gives considerable attention to the still wide-open frontier of the relationship between behavior, behavior modification, information and transportation, in ways that have relevance and application for cities and policymakers not only in Taiwan but throughout Asia and indeed worldwide.

If you are concerned in any way with transport issues in Taiwan, this is a must read. If Asian cities are your interest this is an important read. And indeed for the rest of us trying anywhere in the world to understand how we can better cope with the daunting challenges of efficient and fair transport in our cities, my verdict . . .

Read this book!

一本引領台灣進入綠色交通
時代的教戰手冊

在台大唸書時，為了推廣校園的共享單車計劃而認識張老師，還記得第一次與張老師見面時，老師分享了單車共享概念的結合與期待，當時張老師是第一個力挺我們，並從專業的角度給予協助的長輩。對我而言，張老師不僅是一位頂尖的學者專家，更是一位積極將理想付諸實踐的先鋒，每次與老師談話，都可以強烈地感受到老師對於綠色載具與綠色交通的理想與熱情。

這本書可說是濃縮了老師長年研究、考察各國經驗的精華，將原本生硬的研究分析以淺白易懂、更易產生共鳴的方式呈現給大家。理所當然，書中呈現了相當多來自歐美，關於綠色交通推廣與實踐的成功案例，讓我們大開眼界。但最吸引人的地方，也編入台灣在綠色交通推廣上的實際情形，讓我們知道月亮並非國外的比較圓！在台灣，在我們的都市、生活的周遭，確實已經有很多綠色交通的概念正被推展，只是我們是否意識到，並用正面、積極的心態去參與、去實踐！

吳宗澤
（校園單車共享——拾玖團隊）

提供綠色交通實踐的可能性

「永續運輸」一詞涵蓋了環境保育、經濟效率及社會公平三個層面，而「綠色交通」則是永續運輸的一環，其特別強調環境污染的減少及節能減碳。這本書介紹了綠色交通的意涵與措施，並以國內外的實例來說明實踐的可能性。其深入淺出的陳述，頗值得大眾閱讀。

綠色交通為了達到減少環境污染與節能減碳的目標，就必須減少汽機車的使用及引進低污染、低耗能的汽機車燃料與技術。「減少汽機車的使用」之計畫包括三個方向：1. 發展整合的公共交通運輸系統，即除了引進適當的的大眾捷運系統（MRT）、輕軌運輸系統（LRT）、公車捷運系統（BRT）或公車專用道系統外，更重要的是應在大眾運輸路網、票證、班次及資訊方面能夠整合，同時與接駁公車及自行車系統整合，使骨幹的公共運輸服務完成最後一哩的服務。2. 建立以人為本的非機動汽機車的系統，譬如：建置及擴張如台北市微笑公共自行車服務的系統，及提供行人連續及友善的步道環境。3. 實施減緩汽機車使用的交通管理措施，譬如增加汽機車的停車費、或在擁擠地區與尖峰時刻採行道路使用的擁擠費。此外，在引進低污染與低耗能的汽機車燃料與技術方面，如改善電池的續航力與價格，適時推動電動公車與機車等。

總之，綠色交通的實踐，不僅政府要有目標與作法，民眾與企業也要有共識與配合，才能為都市交通、為地球環保共盡一份心力。

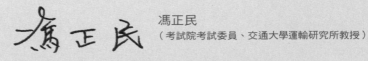

馮正民
（考試院考試委員、交通大學運輸研究所教授）

綠色運輸的入門指引

在地球暖化和氣候變遷的衝擊下，全球的工業、農業、住宅甚至服務業等都以低碳永續為發展目標，而且效果顯著，唯獨運輸部門的能源消耗與污染排放仍然持續增加。

政府與民眾對於替代耗能的汽機車之運輸工具，以及所衍生的新生活型態，因為不暸解而裹足不前。本書《綠色交通》除了提供各國成功的案例並且詳盡的介紹這些都市的綠色經濟。

有正確的認知，才會有行動。書中從人本交通、綠色交通到永續運輸皆有詳盡且平易近人的解說，除了作為綠色運輸的入門指引之外，更有助於對關心環境的你一同參與。

強力推薦大家閱讀！！！

劉麗珠
（自行車新文化基金會執行長）

認識永續且人本的綠色交通

最近常看到台北市捷運站和社區公園旁的微笑單車租賃站,一部部披著黃色背殼的單車,頻繁地進出,形成了一個新的都會景觀。騎著微笑單車的上班族和早起運動的市民,讓空氣中佈滿了清新和活力,明顯讓人感受到一個以人為本的運輸環境正在悄悄地擴散中。

2007 年台灣最大的綠色運輸系統台灣高鐵通車,串聯起南北各大都會的生活圈。到 2012 年底止,短短六年間,相較於傳統運具,高鐵在二氧化碳減碳量就已貢獻了近 231 萬公噸,相當於 1.2 億株台灣杉的吸附量。走出高鐵車站,透過接駁公車、地區捷運、BRT、連結上各都會區內的自行車道,一個整合性的台灣西部走廊綠色交通服務網儼然已見雛型。而智慧型票證系統和行車資訊 APP 的導入,更讓網路節點間的銜接變得方便和順暢。隨手取得即時資訊和一卡走透透不再是遙不可及的夢想。

雖然這樣的成果值得自豪,但就長遠來看,公部門的政策和一般民眾的認知仍明顯不足,要打造台灣成為完整的綠色運輸系統,能不能做到像瑞典、英國和新加坡一樣,開車進入市區時繳交擁擠費?像挪威一樣,在陡坡的地方建造自行車專用電梯?像蘇黎世一樣,沒有公共運輸到不了的地方?像溫哥華一樣要騎自行車上那兒都行?還有我們有沒有大國民風範,尊重所有其他運具的路權和交通規則,讓行車、行人的動線流暢,而且處處都展現出有禮有度?顯然,台灣仍有相當大的差距待彌補。

台灣是自行車的製造王國,也是全世界生產氫能源燃料電池的領導者,如果政府和民眾有心,能夠善加利用這個優勢,那麼我們躋升於自行車和氫能源汽車的使用王國,塑造一個守護地球、永續運輸的環境就不遠矣!

張教授撰寫本書,希望讓社會大眾更了解什麼才是永續且人本的綠色交通,並提出關鍵策略,指出台灣未來待努力的方向,值得一讀,特此推薦。

歐晉德
（前台灣高速鐵路股份有限公司董事長）

領導者必讀的都市發展願景書

正當我這個交通老兵,再一次對於台灣都市交通發展感到氣餒時,這些年來全力推動綠色、環保浪潮的好友美華,寄來了和學孔兄團隊合作的這本書,頓時讓我再度燃起了對台灣交通發展的樂觀與希望。這是一本易讀、有高度、有深度又有說服力的交通專書。

祈禱不論是中央或地方的首長在百忙中都能撥冗看這本書,畢竟這些領導者掌握著我們未來都市居住環境的發展政策!

相信看過這本書的掌舵者應該認知到:打造台灣的宜居城市

一、不需要更多的汽機車行車和停車道路空間,而是需要更多的綠化、安全、舒適的人行空間。

二、不需要蓋更多昂貴的道路系統去補助私人運輸,而是需要投資、改造、整合我們的公共運輸系統(包括公共自行車、公車客運和台鐵系統)。

三、不應該只注重「大建設」,而是應該大力運用新科技來強化,並採取更細膩貼心的交通運輸「營運與管理」。

在今天的民主社會裡,我也期盼有更多的公民撥冗閱讀本書,因為有更多具備綠色交通素養的選民,必然選出重視台灣成為宜居城市的領導者。或許下一次選舉時,我們應該問問候選人對於綠色交通的看法?考考他們看過這本書沒有?

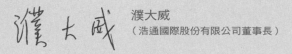

濮大威
(浩通國際股份有限公司董事長)

決心投入綠色交通，都市就能改頭換面

真的很慶幸，在 1999 年國際非政府組織邀請下，能夠結合理論研究與實務經驗投身都市永續發展的推動工作。當時，「國際能源組織」(IEA) 和世界銀行的培訓課程中，許多市長、副市長以及官員都會問：「什麼是綠色交通？」於是創出了綠色交通的意涵：「一個都市若能整合好 BBMW 四個系統，就是綠色交通都市、也是健康都市」。也就是透過土地使用計畫和都市設計創造出自行車 (Bike)、公車 (Bus)、大眾捷運 (Merto)、步行 (Walk) 的安全優質環境，進而應用資訊通信技術整合營運和服務。不過，這看似容易的綠色交通理念，卻是傳統以車為本位、以工程建設為導向的上世紀工程師和規劃師重大挑戰，更是都市發展、環保、工務、執法和交通等部門的艱鉅任務！就國內外都市的推動經驗，綠色交通的成功落實需要有遠見和魄力的市長、要有執行力強的局處首長、要有規劃設計的專業團隊以及市民的積極參與。

因此，本書主要目的係藉由綠色交通理念和國際實踐經驗，了解台灣的努力成果和面對的挑戰，同時期望大家能督促政府推動更多人本、永續、綠色交通的發展，並在自身旅運方面能多多使用綠色運具、做出益己利他的行為改變。書中收集全球宜居、健康都市發展公共運輸和慢行交通的成功案例，而

針對中小型都市之城鄉差距和社會經濟特性，也提出有別於大都市的發展思維。也以專章討論綠能之發展、需求管理、擁擠收費、汽車共享、以及運用智慧運輸技術的新思維，讓大家出行更安全、有更多節能減碳的聰明選擇。

我一直期盼大家在都市裡可以不需要依賴小汽車、摩托車，所以從 2000 年開始力行實踐這個願望，處理掉自己的小汽車，出門搭乘公共運輸系統，此外，我也先後協助台北、高雄、新北、台南、台中和桃園推動綠色交通和運輸政策規劃，從參與國內以及東協、南亞和拉丁美洲等都市經驗，我們可以確信：一個都市只要設定目標、下定決心，就能夠在三年內看到街道改變、六年感受綠色交通初步成果、十年就讓都市改頭換面、迎向永續發展，北歐的哥本哈根、東亞的首爾和南美的波哥大就是轉型典範。

本書得以完成，首先要謝謝過去十多年來在專業和理念上相互激勵的國際友人，一位是世界無車日創始人 Eric Britton 教授，另一位是前年不幸往生、加州大學柏克萊分校與史丹福大學的 Lee Schipper 教授，兩位大師跨域整合思維引領全球永續能源和人本交通的發展。其次，要謝謝亦師亦友的洪鈞澤博士、王國材顧問、孫以濬董事長與濮大威董事長，他們對於專業的執著以及勇於創新的思維，激勵大家持續投入改造、提升我們的環境。最後，要謝謝兩位共同執筆張馨文教授和陳雅雯博士以及編輯群的夥伴們，特別是新自然主義洪美華社長對於團隊的信任、包容和專業協助。

謹將此書獻給我的父母和牽手 Alice Lin，Alice 每天搭公共運輸、騎自行車、步行上下課和參加社會、經濟活動，並不時反映都市環境的良窳，她是真正的綠色交通實踐者，謝謝她長久以來對於我們沒有小汽車的支持。

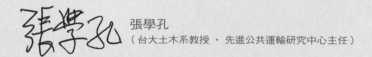
張學孔
（台大土木系教授 · 先進公共運輸研究中心主任）

愛上自行車，力推綠色交通

生長在府城，上小學的第一份禮物是一部六〇年代進口的摺疊自行車，騎上去好像長了翅膀的小鳥，快樂飛出媽媽的手掌心，從此，開啟了我在台南十多年騎自行車通學的生涯，即使到了英倫求學，還是習慣地騎著自行車在牛津的山丘上上下下，自行車伴我在異鄉自在地遊走，有時也勾起在故鄉生活的點滴。

回國後在新竹中華大學教書，卻忘了伴我一路成長的老朋友——自行車。2002 年在某個機緣下成立自行車友善環境研究室，重拾對自行車的熱情，也開始思考綠色運輸與觀光產業結合的機會。在參加歐美亞洲等國研討會之際，體驗各國的綠色運輸系統後，我開始將對自行車的情感轉而投入推廣與研究，2010 年在中華大學建置全國第一套校園智慧型公共自行車取供系統，並積極推廣社區型公共自行車系統，就是希望將來每位大學生的第一份大學禮物是自行車而不再是機車。

隔年，我從學校跨入都市，開始投入北台八縣市自行車旅遊系統規劃，希望將政府過去努力建置的自行車道建設，串聯縫補成一條安全、連續、有趣、友善的自行車國道，提供民眾舒適且安心的騎乘環境，並且結合各縣市的旅遊吸引力，形成具有國際魅力的套裝遊程。

為了讓更多人可以享受台灣騎乘自行車的風光，2012 年我邀請了日本 Dream Kid 電影公司來臺灣拍攝自行車旅遊電影「南風」，希望藉由電影吸引日本年輕人來台灣從事自行車旅行；2013 年策劃與扶輪社包下一列火車，舉辦三天兩夜雙鐵環島活動，期盼自行車旅遊可以在台灣蔚為風氣。

除了吸引更多人透過騎自行車認識台灣外，近年來我也積極參加全球自行車都市大會，希望將台灣推動綠色運輸與自行車旅遊的努力分享予全世界，告訴他們台灣除了有製造尖端的自行車技術外，也有宜人的自行車環境，而這些推廣的動力都是來自於小時候騎乘自行車的美好經驗，自由自在地御風而行。

希望透過電影、旅遊活動、演講的方式，讓更多人感受自行車的魅力，進而從自行車了解包含步行在內的慢行環境，予人的慢活滋味，理解交通也能以人為本，都市的空間裡可以有更多的綠地取代馬路。這次參與本書的編輯表達對自行車的情感，以及對綠色交通環境的渴望，期待每個人將美好的慢行體驗，享受便利的公共運輸服務的同時，也一同參與建構心中的綠色交通。

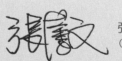 張馨文
（中華大學休閒遊憩規劃與管理學系教授兼系主任）

Contents

Part 1 觀念篇　朝向永續與人本的綠色交通　　　　26

01 綠色交通時代的來臨　　　　28

方便汽車的各種建設，已是拖垮永續的元凶
從 1992 年的地球高峰會起，凝聚全球減碳之共識
台灣從 2000 年開始正視交通所造成的污染
什麼是「綠色交通」？
【綠話題】名詞解釋

02 節能減碳台灣要更積極　　　　38

2100 年，全球海平面最高將上升 0.53~0.98 公尺
台灣的排碳量居全球第 20 名
汽機車造成大破壞，卻支付太低成本
改變思維，新的移動模式，救地球

03 世界宜居城市都做了什麼？　　　　50

維也納：公共交通發展最完善的綠色之都
蘇黎世：沒有公共運輸到不了的地方

Part 2
策略篇

綠色交通都市的關鍵策略　　68

PART.

01

GREEN TRANSPORT

朝向永續與人本
的綠色交通

GREEN TRANSPORT FOR LIVABLE CITY

地球氣候異常，氣溫居高不下、豪雨成災、怪
風肆虐，各國近年來無不致力於降低溫室氣體
的排放，使用再生能源、提高能源效率等。
然而當工業、農業、住房等各部門均投入節能
減碳時，卻發現運輸部門的碳排放仍高，為追
求便利、快速移動，忽略對環境的永續作為。
強調對環境友善、低污染的綠色交通，正是刻
不容緩，且為環保意識覺醒的必要主張。

（攝影／沈芳瑜）

01 綠色交通時代的來臨

方便汽車的各種建設，已是拖垮永續元凶

在近三十年的全球暖化及氣候變遷衝擊下，全世界工業、農業、住宅乃至服務業等，皆以低碳永續為發展目標，並且效果顯著，唯獨運輸部門的能源消耗與污染排放仍持續增加。許多國家對運輸政策仍舊停留在以「車」為本位的建設導向，如直接補助汽車產業發展與補助購車優惠，或是間接興建道路系統，增設停車設施，給予小汽車產業的補助遠大於對公共運輸的支持。這些缺乏永續理念的都市發展政策，以及追求經濟快速發展而忽略更長遠社會利益的作法，在許多開發中國家卻被奉為圭臬。

根據歐盟全球碳排放研究[1]表示，交通運輸相關部門再不改變思維，未來將會成為全球碳排放最嚴重的來源，並且抵銷其他部門的努力，成為拖垮全球永續發展的兇手。想像十年後的街景，馬路兩旁蓋的是綠建築，四周種滿了樹、家家戶戶使用太陽能，唯獨馬路上仍舊烏煙瘴氣、擠滿小汽車與機車擁塞難行，喇叭鳴笛不絕於耳，如此光景將是何等諷刺呢？交通運輸部門的節能減碳，事不宜遲！

因此，脫離汽機車為主體的運具選擇、建立以「人」為本的運輸環境，並結合公共運輸、慢行運具及民眾的旅運思維提升，朝向「綠色交通」的發展，不僅是政府對社會的責任，也是民眾應先具備的基本思維。

---

[1]EU(2011) Long-Term Trend in global CO2 Emissions-2011 Report Background Studies (http://edgar.jrc.ec.europa.eu/news_docs/CO2%20Mondiaal_%20webdef_19sept.pdf)

都市的空間終究必須回歸到以人為本的環境當中。（攝影／沈芳瑜）

從 1992 年的地球高峰會起，凝聚全球減碳之共識

至於綠色交通的由來，要從 1992 年聯合國於巴西里約熱內盧舉行「地球高峰會」談起，當時有 171 國共同簽署「聯合國氣候變遷綱要公約」（UNFCCC），通過「21 世紀發展議程（Agenda21）」作為全球推動永續發展的藍圖，並呼籲各國共同行動，追求人類永續發展，開啟全球對溫室氣體排放的重視。隔年初，設置「聯合國永續發展委員會」，以督導及協助各國推動永續發展的工作。

目前各國所努力減排的目標，是 1997 年根據氣候變化綱要公約締約國在日本完成的「京都議定書」（Kyoto Protocol），這是第一份具有管制效力的議定書，具體規範簽署國家或地區之污染排放限制與條件：「全世界 38 個工業國與經濟轉型國，在 2008 至 2012 年間，將溫室效應氣體，排放量控制在比 1990 年排放量平均低 5.2% 的水準」。

為因應後京都議定書時代，續於 2009 年哥本哈根氣候變化綱要公約締約國會議（COP15）凝聚全球對節能減碳之共識，運輸部門的低碳節能成為各國運輸發展之施政重點，此時，開啟各國對綠色交通之高度重視。接著 2012 年 5 月在南非德班的第 17 屆聯合國氣候變化綱要公約締約國會議（COP17）上，決議延長京都議定書，制定全球長期合作行動計畫、共同規劃 2020 年後的減排規劃、設立「綠色氣候基金」。同年 12 月，聯合國氣候變化綱要公約締約國會議達成「杜哈氣候坦途」（Doha Climate Gateway）之協議，要點如表 1-1 所示，除延長京都議定書外，更積極擬定新全球協定，期能透過全球共同努力不讓氣溫升高超過 2℃，以有效控制全球暖化。

1-1 杜哈氣候坦途協議要點

項目	內容
京都議定書	這份全球唯一約束溫室氣體排放的條約，2012 年 12 月 31 日到期後，將以「第二減排承諾期」形式延長效期。新效期 2013 年 1 月 1 日生效，2020 年底結束，約束歐洲聯盟 27 個會員國及澳洲與瑞士在內的 10 個工業國。
開發中國家資金	杜哈協議敦促已開發國家，「在財務狀況允許時」承諾撥款給開發中國家。
損失與傷害	已開發國家代表召開閉門會議後，同意 2014 年於華沙開會時，就損失與傷害創設補償機制。
新全球協議	各方重申，希望 2015 年前草擬新全球方案，2020 年起取代京都議定書。而新協議將約束全球所有國家。會議中指出，協議草擬條文須在 2015 年 5 月前定案。
2020 年前減排量	杜哈氣候會議指出，各國減排目標與實際減排量有出入，且出入越來越大，必須想辦法縮小。若要控制全球暖化，氣溫只能比工業化時代之前高出攝氏 2 度以內。

資料來源：杜哈氣候協議要點，法新社 8 日電（2012／12／9）。

為順應此全球永續發展、節能減碳的趨勢，我國行政院先於 1994 年成立「行政院全球變遷政策指導小組」，之後，於 1997 年 8 月擴大為「行政院國家永續發展委員會」，隨後已陸續完成台灣永續發展策略綱領行動計畫以及相關指標之訂定。如表 1-2。

1-2 台灣 21 世紀初擬定永續發展之相關策略

	項目	年份
1	國家永續發展年報	自 1999 年起
2	廿一世紀議程—中華民國永續發展策略綱領	2000 年
3	永續發展行動計畫	自 2002 年起
4	台灣永續發展宣言	2003 年
5	永續發展指標系統	自 2003 年起
6	台灣廿一世紀議程—國家永續發展願景與策略綱領	2004 年

台灣從 2000 年開始正視交通所造成的污染

其中，運輸在永續發展也扮演著一個重要的角色，在「國家永續發展願景與策略綱領」中，以「當代及未來世代均能享有寧適多樣的環境生態、活力開放的繁榮經濟及安全和諧的福祉社會」為永續發展願景。在此願景下，指示總能源消費量僅次於工業部門的運輸部門，須推展省能源、低污染的大眾運輸系統，減少交通需求與壅塞，以降低運輸活動所造成的環境污染。所以在綱領中提出「推動綠色運輸」。

1-3 國家永續發展願景與策略綱領之綠色運輸推動內涵

規劃以腳踏車及步行者為主的社區環境，提高大眾運輸系統之質與量，避免居住環境之空氣及噪音污染。

依據國土計畫檢討全國交通建設計畫，合理配置鐵公路交通網。

提升大眾運輸服務品質及安全，並健全營運環境。

檢討相關政策以減少私人運具之持有與使用。

建立大眾運具及自行車之專用空間。

全國能源會議提出綠色交通具體行動方案

在 2005 年「全國能源會議」的具體行動方案中，除研擬整體的交通運輸政策外，為節省能源與減少溫室氣體排放量的政策，運輸部門依照發展綠色運輸系統、紓緩汽機車使用與成長、提升運輸系統能源使用效率等三大方向進行。

1-4 運輸部門節能減碳之發展方向

而其中，針對發展綠色運輸系統，以健全完善的軌道運輸服務、提升公共運輸服務功能與彈性、提供民眾無縫的交通轉乘服務，以及落實以綠色運輸系統為導向之土地使用規劃，是為短中期減量階段的推動策略。

續於 2009 年召開的「全國能源會議」，針對「永續發展與能源安全」、「能源管理與效率提升」、「能源價格與市場開放」、「能源科技與產業發展」共四大議題進行討論。其中，在「能源管理與效率提升」議題中，針對交通部門提升能源效率的部分，提出以提供無縫式公共運輸服務為目標；推動汽燃費隨油徵收，調整汽機車持有及使用成本，擴大與公共運輸成本之差距。以「永續能源政策綱領」為基礎，為建構人本交通環境，訂定「節能減碳行動方案」如下：

1-5 交通部門節能減碳行動方案

| 建構便捷大眾運輸網，紓緩汽機車使用與成長 | 建構「智慧型運輸系統」，強化交通管理功能 | 建立人本導向，綠色運具(腳踏車與人行步道為主的都市交通環境) | 鼓勵使用替代燃料運具 | 提升小汽車新車燃油效率水準，於 2015 年提高20% |

依據行動方案，推動 16 個旗艦方案，其中包含「綠色運輸網絡方案」，期盼在運輸方面可達成：建立綠色運輸系統、便捷公共運輸服務、加速自行車軟硬體的建設、營造低碳運輸環境的效益。

什麼是「綠色交通」？

在追求永續發展的過程中，認知到交通建設和運輸方式勢必產生變革，朝向綠色交通（Green Transport）環境轉型。而綠色交通的定義，一直以來有諸多不同描述之定義，整理如表：

1-6 綠色交通的定義

出處（年份）	定義
建設台灣成為國際綠色交通典範島嶼的發展理念／台灣大學土木工程系副教授許添本（2005）	1. 綠色運輸是一種全面改造交通系統及環境的做法，利用對於環境及健康與能源消耗等較為有利的運輸工具來達成同樣社會經濟活動的目的。 2. 綠色運輸涉及都市空間結構的轉變，及民眾生活型態的改變。「交通系統」不只是當成「生活工具」，也是「生活空間」。 3. 在交通的過程中，不只是不會遭到交通污染所帶來的危害，更可以透過交通過程帶來健康。
綠色運輸系統發展政策之探討／交通部運研所（2009）	綠色運輸以環境保護為主要考量，主張對環境友善、低污染的運輸方式。為落實環境保育及資源再生，推動使用低污染、省能源、智慧化的運輸工具，以提供安全舒適、環保且共生共榮的永續運輸環境為願景的理念。
99年民眾日常使用運具狀況之性別分析／交通部統計處（2011）	綠色運輸系統係基於環境永續之前提，使用零污染或低污染的運輸系統，例如，步行、自行車及公車、捷運、火車、高鐵等公共運具。
運輸政策白皮書—綠運輸篇／交通部（2012）	綠色運輸基於環境永續與人本關懷之理念，透過發展低碳運輸系統、加強運輸需求管理與提升運輸能源使用效率等方針，以及公共運輸發展導向規劃、先進資通訊與綠能科技應用等方式，達成環境保護、節能減碳、便捷無縫等目標。

1-7 綠運輸的意涵

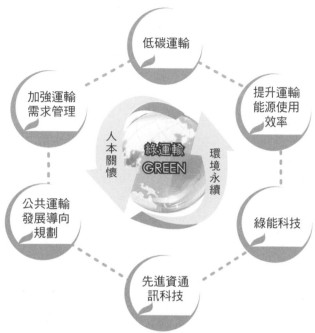

資料來源：運輸政策白皮書《綠運輸》，交通部，2012。

綠色交通也常與永續運輸、人本交通交互運用，引用交通部運輸研究所之歸納與定義，可以把永續運輸、綠色交通、與人本交通彼此間的關係做一個釐清，讓大家可以更明白。

「**永續運輸**」係在環境保護、社會公平和經濟財務永續的基礎上進行全面性的運輸系統規劃與發展。

「**綠色交通**」則為永續運輸之一環，以環境保護為主要考量，主張對環境友善、低污染的運輸方式。

「**人本交通**」以人為本的觀點出發，強調步行和自行車等非機動運具的使用與發展、提昇公共運輸系統的質與量，以提供安全、舒適、寧靜的運輸環境。

從字面上的定義可以大致觀察出，綠色交通（綠色運輸）所達成的目標首重環境保護，並進而考量社會公平；而人本交通的目標則著重在社會公平層面，同時將環境保護思維納入。透過圖可以更清楚說明這三者之間的關係。

1-8 永續運輸、綠色運輸與人本交通之關係

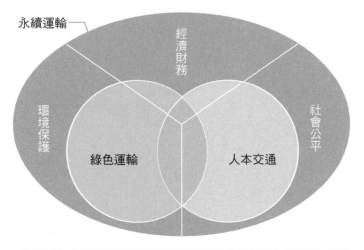

資料來源：因應後京都時期運輸部門發展策略規劃之研究，運研所，2009。

綠話題

名詞解釋

1. 旅次（trip）：一個特定目的之外出為一個旅次，N 個特定目的之外出為 N 個旅次，一天之外出會有很多旅次，每一旅次可能會使用許多運具。

2. 運輸（Transportation）：是指使用運輸工具將人、貨從一地移至另一地的一種過程或經濟行為。

3. 非機動運輸工具：包含步行、自行車。

4. 私人機動運輸工具：包含機車、自用小客車（含小客貨兩用車）。

5. 大眾運輸：與公共運輸涵蓋範圍不同，依據「發展大眾運輸條例」之意涵：大眾運輸係指具有固定路線、固定班次、固定場站及受管制費率，提供旅客運送服務之公共運輸，包括城際運輸的高鐵、台鐵、國道客運和市區的大眾捷運、輕軌電車、BRT、公車等。

6. 公共運輸：包括大眾運輸及副大眾運輸（Paratransit），其中副大眾運輸包括：計程車、遊覽車、小客車租賃業、汽車共乘（包括小汽車共乘、中型車共乘及計程車共乘）、撥召或需求反應式公車（Dial-A-Ride & Demand Response Bus）等。就上所述公共運輸的範圍較廣。

資料來源：99 年民眾日常使用運具狀況之性別分析，交通部統計處 2010；以及交通部運研所網站；運輸學，張有恆，1993。

02 節能減碳台灣要更積極

我們生長的台灣，環境十分脆弱，除去無法預測及避免的天然災害，很多災害追溯至源頭，皆是因文明社會發展所造成的破壞，我們不能坐以待斃，該為這份土地的未來做些努力，至少減少破壞再發生。

台灣在七〇年代，平均每年會發生 3 次洪水災害；到了九〇年代後則攀升到平均每年發生 5.6 次水災。災害頻繁的主要原因除了人為不當開發，還有因不當開發加速全球暖化、氣候變遷，漸漸使許多極端氣候型態轉為常態[2]。近三十年，台北夏季超過攝氏 35 度的天數，從最多不超過 30 天到現在增加到 60 天[3]。2013 年入夏以來，台北市頻頻創下百年來高溫，逼近 40 度，這樣的趨勢造成冷氣越開越兇，反而加劇了都市熱島效應[4]、熱廢氣排放等問題，如此一來產生的迴圈可想而知。

2100 年，全球海平面最高將上升 0.53~0.98 公尺

台灣四面環海，當全球均溫上升冰層融化，不僅會改變洋流模式，也會造成海平面上升，目前台灣海平面上升速率比全球平均上升速率還快。根據聯合國政府間氣候變遷專門委員會 (Intergovernmental Panel on Climate Change，IPCC) 於 2013 年 9 月底發布的第五版評估報告 (AR5) 估計，2100 年時全球海平面最高將會上升 0.53~0.98 公

[2]Chen A. S., Hsu M.H., Teng W. H., Huang C. J., Yeh S. H. and Lien W. Y., (2006) Establishing the Database of Inundation Potential in Taiwan, Natural Hazards, 37:107－132

[3] 氣候的變遷專題報告—百年來台灣氣候的變化，陳雲蘭，2008。

[4] 都市熱島效應影響層面相當廣泛，包括：能源供給壓力增加、日照時數減少、相對濕度降低、降雨型態改變、可利用水資源減少、都市水患機率增加、影響空氣污染監測、混淆全球暖化訊號等（林炯明，2010）。

全球均溫上升冰層融化，造成海平面上升。

尺[5]，而屆時台灣將會有 10% 的土地面積被海淹沒，包括台北盆地、台中、彰化、雲林、嘉義、高雄及屏東西部沿海地區，恐將陷入一片汪洋[6]。若依台灣國土面積估計，而當海平面上升 0.5 公尺時，台灣土地面積將減少 105 平方公里，大小相當於澎湖群島的面積；而當海平面上升 1.0 公尺時，台灣土地面積將會減少 272 平方公里[7]，這又相當於整個台北市的面積，接踵而來的土壤鹽化、地層下陷等等問題，沿海居民、觀光產業及農漁養殖產業等皆面臨極大生存危機。

[5] IPCC WRI AR5, 2013, "WG I Contribution to the IPCC Fifth Assessment Report Climate Change 2013: The Physical Science Basis Summary for Policymakers", SPM-18
[6] 台達電子文教基金會同步連線 IPCC 聯合國第五版氣候評估報告解讀報告記者會，彭啟明，2013。
[7] 中興顧問公司，2001 年。

台灣的排碳量高居全球第 20 名

根據國際能源總署 IEA 於 2012 年之能源燃燒二氧化碳（CO_2）排放量統計資料顯示，台灣 2010 年能源燃燒二氧化碳排放總量為 270.22 百萬公噸，占全球碳排放排放總量的 0.89 ％，在全球近兩百個國家中，台灣排名第 20 位；而全球 70 億人口中，我們台灣 2,300 萬人，因此每人年平均排放量是 11.66 公噸，全球排名第 19 位（亞洲排名第 10 位）。排名在前者多為中東之產油富庶國家[8]，從台灣的土地面積、人口數、人均所得及自然資源來看，實在是面臨著嚴峻的挑戰。

依據經濟部能源局估算 2012 年台灣運輸部門的碳排放量占全國的 14.18%，其中公路運輸的碳排放量就佔了 95.53% 之多[9]；而在能源消耗方面，經濟部能源局統計[10]，台灣能源總消費中，運輸部門占 11.89%，僅次於工業部門的 38.15%，而其中私人小汽車就占了運輸部門能耗的七成以上，精算出來的數字相當驚人。

而過多的碳排放不只會造成暖化現象外，也會加劇酸雨現象。酸雨對人體的影響不僅是造成禿頭而已，更會影響人體呼吸系統的運作；另外酸雨對土壤及農作物的影響也相當大，酸雨的成分會使土壤中養分流失、影響植物的光合作用及稻葉的養分取得，致使其枯萎、死亡，而養分流失不適合耕作的土壤也可能面臨沙漠化等現象，現今嘉南平原等農作區正面臨著這些挑戰。

---

[8] 行政院環境保護署，2011 年。
[9] 我國燃　燃燒二氧化碳排放統計與分析，經濟部能源局 2013 年 7 月。
[10] 101 年能源供需概況，經濟部能源局 2013 年。

1-10 台灣各部門燃料燃燒 CO_2 排放量

各部門燃料燃燒CO_2排放量（包括電力消費排放）		
	數量（千公噸CO_2）	%
能源部門	25,741	10.35%
工業部門	120,93	48.62%
運輸部門	35,255	14.18%
服務業部門	32,752	13.17%
住宅部門	31,321	12.59%
農業部門	2,701	1.09%
總計	248,702	100.0%

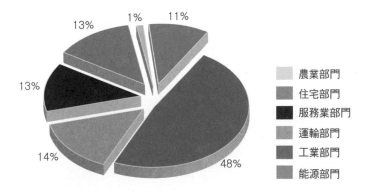

公共運輸使用率偏低

減少移動行為所產生的碳排放，是運輸部門努力的方向，改變出門開車及騎機車的習慣，多走路、多騎自行車，選擇使用綠色運輸工具，養成搭乘公共運輸的習慣，就是最節能、最省碳的作為！

根據交通部 2012 年統計資料顯示，全台灣平均公共運輸使用率為 15.0%，其中以台北市公用運輸使用率是最高為 38.0%、基隆市第二為 33.0%、台中市 8.2%、台南市僅有 4.9%，而近年推動捷運及公共自行車的高雄市也只有 7.2%。整體分析各縣市的公共運輸使用率，可以發現全台灣只有台北市、基隆市、新北市、桃園縣超過 10%，其他縣市都不到 10%。如此的比例也顯示公共運輸在北部地區發展較為完善，而其他地區因為搭公車的需求比較小，所以服務班次也少，班次變少，搭乘的人又更少，如此形成一個負向循環。所以從 2010 年開始，政府以 3 年 150 億元的經費投入全台的公路公共運輸發展，從車輛的汰舊換新、候車設施的改善、多卡通到服務品質的提升方面，期能創造公共運輸使用率的成長。

1-11 台灣地區各縣市公共運輸市占率

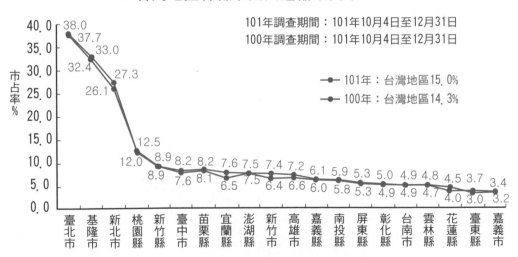

資料來源：101 年「民眾日常使用運具狀況調查」摘要分析，交通部運研所，2013。

在日本即使是都市之間如東京至名古屋，其公共運輸使用率高達 75%。（攝影／莊元拔）

綜觀鼎漢國際工程顧問公司協助交通部運研所分析台灣西部走廊都市間的旅運資料發現，使用私人小汽車的占了 78%；而日本東京至名古屋相同環境下則有 75% 的民眾使用通勤鐵路、高鐵、國道客運等公共運輸，不論比較面積、使用人口密度、都市發展方面，台灣在都市和市區間使用綠色運輸工具的比例真的都有很大努力空間。

馬路烏煙瘴氣，健康遭殃！

許多人在都市裡有呼吸道方面的疾病，但一離開都市回到鄉下症狀便減緩，有部分原因是因為空氣變好了。都市裡汽機車塞滿了馬路，每台車排放著廢氣，產生移動污染源。

空氣污染一直以來都是公路運輸帶來最嚴重的問題，對人民及都市的公共健康（Public Health）帶來相當大的威脅。它不僅會影響人體的呼吸系統，誘發氣喘或支氣管炎等症狀，更會造成早夭，同時也使醫療資源消耗增加。哈佛大學和能源基金會對於亞洲大型都會的研究顯示，這些損失若換算成貨幣價值，每年造成的健康災害高達 8.4 億美元，約占 GDP 的 2.5%。使用汽機車對於健康的危害需要付出如此龐大的代價，勢必要扭轉運輸行為與使用運輸工具的偏好才能大幅減輕空污，減少對公共健康的危害。

1-12 空氣污染所引起的醫療資源消耗

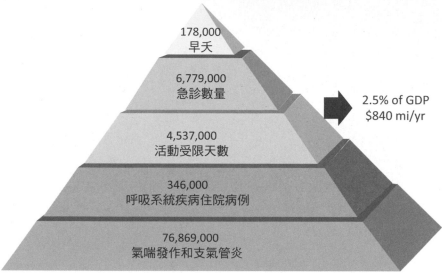

178,000
早夭

6,779,000
急診數量

2.5% of GDP
$840 mi/yr

4,537,000
活動受限天數

346,000
呼吸系統疾病住院病例

76,869,000
氣喘發作和支氣管炎

資料來源：Harvard University/Energy Foundation 以亞洲大型都市模擬分析

汽機車造成大破壞，卻支付太低成本

台灣另外一項嚴重的問題，就是汽機車太多，機車尤其嚴重，據交通部 2013 年 1 月的統計，台北市有 110 萬輛機車，換算成密度的話，台北市每平方公里就有 4,000 輛機車，新北市有 237 萬輛機車、高雄也有 228 萬輛機車，如此高的數量，造成的不僅僅是塞車問題、行車安全的問題，還有相當可觀的二氧化碳及廢氣排放。而從各縣市比較表中顯示，南部每千人機車的持有數較高，前三名為屏東縣、高雄市、台東縣，而汽車每千人持有數則以中北部居多，前三名為南投縣、新竹縣、苗栗縣。其中有部分也反映出當一個地區的公共運輸市占率低，機動車輛持有數相對偏高。

另外，隨著近幾年油電飆漲，讓許多民眾怨聲載道，90% 以上能源需要仰賴進口的台灣，油電價格跟其他國家相比卻是相當低廉，反

台灣汽機車多，每千人持有數小汽車以中北部居多，機車則以南部居多。（攝影／唐達言）

而造成民眾不珍惜的現象。在台灣每一個機車騎士所付出的成本，實際上只占了其應付成本的 40%，而小汽車則只付出其應付成本的 60%[11]，其餘的金額皆是由政府和社會交叉補給。從小汽車與機車對社會造成的空氣污染、噪音、事故等各項外部成本來看，這個現象是相當不合理的。也是因為機車騎士錯誤認知機車是便宜的交通工具，其使用量持續上升；花費超過 5,000 億的台北捷運並未如預期地吸引更多機車轉移使用捷運系統，而花費近 2,000 億的高雄捷運乘客目前更是遠低於預期目標，除了捷運本身需要更好接駁轉乘和公車整合外，機車之相對低廉使用費用實為主要原因。

---

[11]《運輸計劃季刊》都市旅次總成本構建之研究，張學孔、郭瑜堅，2007。

1-13 各縣市汽機車數量統計

		機動車輛登記數(輛)		每千人機動車輛持有數(輛/千人)	
都市	人口數(人)	汽車數	摩托車數	汽車	摩托車
新北市	3,939,305	891,790	2,372,880	226	602
臺北市	2,673,226	623,121	1,100,688	233	412
臺中市	2,684,893	931,835	1,764,138	347	657
臺南市	1,881,645	588,916	1,440,499	313	766
高雄市	2,778,659	793,498	2,282,078	286	821
宜蘭縣	458,595	139,204	298,680	304	651
桃園縣	2,030,161	649,120	1,161,269	320	572
新竹縣	523,993	187,655	292,243	358	558
苗栗縣	563,976	198,332	362,134	352	642
彰化縣	1,299,868	445,679	924,990	343	712
南投縣	520,196	192,182	359,956	369	692
雲林縣	710,991	241,061	491,245	339	691
嘉義縣	533,723	181,305	373,435	340	700
屏東縣	858,441	258,385	705,354	301	822
臺東縣	226,252	68,526	176,152	303	779
花蓮縣	335,190	107,424	244,683	320	730
澎湖縣	98,843	23,992	73,541	243	744
基隆市	377,153	83,896	195,411	222	518
新竹市	425,071	134,665	271,844	317	640
嘉義市	271,220	84,093	204,384	310	754
金馬地區	124,421	27,890	52,092	224	419

2013年1月各縣市機動車輛統計數

註：各縣市之汽車數不包含營業用之大小貨客車

資料來源：交通部統計年報（2013）

出門時優先考量公共運輸、自行車、步行，以便逐漸改變對私人運具的依賴。（攝影／陳鎰萱）

改變思維，新的移動模式，救地球

在台灣，我們在交通運具的選擇上，習慣以機動運具為優先考量，沒有車開時才會想到公共運具，這當然包含了現有公共運輸條件欠缺的因素。考量環境永續的發展，當公共運輸與機動運具兩者的便利性差異不大時，我們應換個思維，以公共運具為優先選擇。而政府的交通建設思維也應以公共運輸和綠色交通為優先，充分考量民眾從家門出發到公車站、捷運站、轉乘以及到達目的地過程，規劃建設公共運輸和慢行環境，讓絕大部分民眾實質感受到：「我們每天的生活並不是那麼需要開車、騎機車」。

事實上，愈來愈多都市在追求低碳永續發展的進程上，也逐漸納入綠色交通的思維，從增設停車空間因應汽機車的需求演變到發展公共運輸系統、改善舒適的慢行空間，以及提供公共自行車運具作為短程接駁，在相當程度上也改變了人們移動的方式。

舒適的步行空間，讓人們樂於享受散步帶來健康、愉悅、幸福的感覺。

便利的公共自行車系統和友善的騎乘空間，可以取代部分機動運具短程運輸的功能，減少能源的損耗與其帶來的移動污源。

在智慧運輸時代，人們可以透過 APP 等行動置，減少停等時間，甚至利用公共運輸工具轉乘或騎自行車等路線的安排，每天都可以是「國際無車日」。

為了改善台灣民眾使用機車對空氣品質的污染，台灣近十年推動的油電混合車、太陽能車及電動小汽車與機車等，在品質及性能上已大幅提升，在公共運輸系統環境未達水準，私人運具仍無法完全被取代的地區，以節能減碳為訴求的新能源運具，也是一種選項。

而高乘載管制和共乘的政策作為，除了紓緩交通壅塞，同時也會降低每人平均能源消耗及碳排放量，減少空氣及噪音污染。

人，是看待環境的主體，「綠色交通」不只是環境設施的建置，也包括此一概念廣被接受後，牽動人們的生活模式，不論是生活中、通勤時、旅遊度假，每一次移動，都可以從永續發展的角度作出對環境更友善的選擇。

- 倒垃圾，走路或騎自行車就好，不需要騎機車。
- 通勤、通學搭捷運、輕軌、快速巴士、接駁公車，甚至走路、騎自行車，準時、健康不塞車。
- 賞櫻或觀光景點旅遊，開車的人往往堵在路上，還沒看到櫻花，天就黑了。不如將小汽車停放在接駁區而轉乘公車，大家也輕鬆、舒適，同時保護觀光景點不受污染，也是生態旅遊追求的目標。

1-14 到底誰要學習誰？

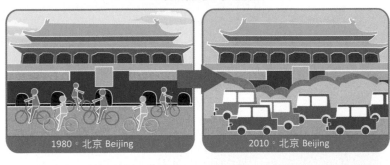

隨著都市人口增加，開發中國家能否跳脫機動化與都市化所帶來交通擁擠的惡夢？

03 世界宜居城市都做了什麼？

一座都市的發展方向和它的運輸系統密不可分，當都市越「宜居」，對於滿足「人」活動的基本旅運需求更勝過對「車」和「路」的需求，使得都市運輸系統的發展將以人本、綠色交通為發展主軸，如此一來，健康都市的樣貌將隨之呈現。便捷的公共交通與慢行環境品質，是打造良好生活水準的關鍵。

全球都市在追求生活品質的同時，也嘗試以各種指標來呈現宜居程度，目前有許多國際非營利組織定期針對全球都市進行調查、評比宜居程度，作為各都市發展的參考。知名投資顧問業者美世（Mercer）公司從 1999 年開始針對全球都市進行宜居城市排名評比，評比的項目有十大分類、共 39 細項，評比對象為全球 221 個城市，相較於其他單位之評比，美世公司所作之評分較細膩且排名更具客觀性，其十大評比項目為：

1. 政治與社會環境（政策穩定性、犯罪率、法律執行）
2. 經濟環境（貨幣匯率、銀行服務）
3. 社會文化環境（審查制度、個人自由限度）
4. 醫療及健康關懷（醫藥補給及服務、感染性疾病、污水、廢棄物及空氣污染）
5. 學校及教育（國際學校的水準與可及性）
6. 公共服務及交通（水電供給、公共運輸、交通堵塞等等）
7. 休閒娛樂（餐飲、戲院、電影院、運動及休閒等等）
8. 消費品（食物及日常消耗品之易取得性）
9. 房屋（租賃房屋、住家環境、維持服務）
10. 天然環境（氣候、天然災害紀錄）

其中，公共運輸指標是城市宜居程度的一大評分項目。

1-15 世界宜居城市排名

都市	都市人口 / 萬	都市面積 /km² （平方公里）	都市公共運輸種類	綠色交通市占率 （公共＋慢行）	世界宜居 城市排名
維也納	172	414.7	地鐵、輕軌電車、公車、公共自行車	68%	1st
蘇黎世	38	87.9	火車、輕軌電車、公車	65%	2nd
慕尼黑	138	310.4	地鐵、輕軌電車、公車、公共自行車	65%	4th
溫哥華	61	114.9	地鐵、輕軌電車、公車、渡輪、公共自行車	44%	5th
法蘭克福	70	248.3	區域火車、輕軌電車、公車、公共自行車	65%	7th
日內瓦	19	158.6	地鐵、輕軌電車、公車、公共自行車	50%	8th
哥本哈根	120	456	地鐵、公車、公共自行車、海上巴士	70%	9th
墨爾本	424	8,806	通勤鐵路、輕軌電車、公車、公共自行車	60%	12th
〰					
新加坡	531	710	地鐵、輕軌、公車、渡輪	68%	25th
倫敦	817	1,572	地鐵、公車、公共自行車	70%	38th
東京	1300	2,187	地鐵、輕軌電車、公車	87%	44th
香港	715	1,104	地鐵、輕軌電車、公車、渡輪	92%	70th
首爾	1040	605.3	地鐵、公車	60%	75th
台北	267	272	地鐵、BRT Lite*、輕軌電車**、公車、公共自行車。	58%	85th

各都市地理資訊系統；Mercer, 2012

說明

＊台北市目前的公車專用道，可以定義為「準 BRT 系統」，可稱 Pre BRT 或著 BRT Lite.

＊＊淡水的淡海輕軌，預計 2013 年 12 月動工，2018 年正式營運。

表 1-15 排名前 10 名的都市其綠色交通市占率多為 60% 以上,也顯示其運輸系統的人本考量也為宜居的重要項評分目之一。而其他綠色交通市占率高、排名在後的都市,則受其他評分項目的影響所致。

每個國際都市都有其文化背景及地理環境特色,觀察各國宜居城市的規模,可以發現世界著名的宜居城市人口數不多,但仍致力推動綠色交通,打造舒適、健康的生活品質。而對於特大都市的運輸環境,若能予以提升,讓更多人受惠,也可成為宜居的好地方。以下為世界知名宜居城市的案例。

1 │ 1 公共運輸的完備是宜居城市評比的項目之一。此為法蘭克福輕軌電車。(攝影 / 張馨文)
2 │ 2 慢行環境關係著都市綠色交通的指標。(攝影 / 沈芳瑜)

維也納：公共交通發展最完善的綠色之都 [12]

【小檔案】
2012 年 Mercer 世界宜居城市排名：第 1 名
都市人口：172 萬人
都市面積：414.7 平方公里
都市公共運輸種類：地鐵、輕軌電車、公車、公共自行車
綠色交通市占率（公共＋慢行）：68%

在歐洲超過百萬人口的都市之中，維也納是少數公共運輸使用率超過私人運具的都市，由此可見，維也納的公共運輸發展相當完善。其公共運輸路網是由地鐵、路面輕軌電車、公車與近郊通勤鐵路相互鏈結而成的。

維也納地鐵是由政府出資建造的，由維也納路線網絡公司（Wiener linien GmbH & Co KG）來負責運營。目前一共有五條路線並以顏色做為區分，分別為紅 U1、紫 U2、橘 U3、綠 U4 以及棕 U6，此外目前正在計畫修建 U5 線。將台灣的捷運系統與維也納的地鐵做比較，可以發現多處差異。

優點 1：信任機制，地鐵進出沒有驗票口

首先，維也納地鐵的人潮流動量相當龐大，在地鐵的進出口並沒有設置自動收費系統閘門。他們是如何驗票的呢？驗票是由執法人員隨機檢查的，如果想逃票被查驗出沒有買票就搭乘地鐵，會被處以 60 歐元的罰款。驗票機制完全採取對乘客的信任，這樣的方式可以讓民眾快速進出站，減少停等的時間，也同時建立民眾正確的觀念。

---

[12] 歐盟委員會 2010 年評選首屆「歐洲綠色首都」，其評估的相關內容主要有：氣候變化、當地交通、公共綠地面積、空氣質量、噪音、廢物、用水、污水處理、土地的可持續利用、生物多樣性和環境管理。摘錄自 2010 年 3 月 7 日大紀元報導

優點2：節能機制，地鐵列車門要由乘客自行開啟

維也納地鐵停靠時，車門開啟模式也與台灣的捷運有很大的不同，其地鐵進站停靠時，不會開啟所有的列車車門，而是由乘客自行操作開啟車門，目的是希望減少不必要的能源浪費。其舊式車廂在車門裝有把手，當乘客欲下車而車門並未開啟時，需要旋轉手把開啟車門；新式車廂只需輕觸車門上按鍵即可。如此一來，除可減省動力資源和能源消耗，也可縮短到離站時間。

優點3：友善機制，可以飲食，並且可攜帶腳踏車與寵物搭乘

另外，在維也納地鐵中是可以飲食的，並且可以攜帶腳踏車與寵物犬搭乘（地鐵），只是單次票價就要 2.90 歐元（折合台幣約 116 元）。而如果使用年票的話，就是可以擁有免費攜帶腳踏車與寵物犬上車的福利，維也納政府希望藉此鼓勵民眾使用公共運輸。即使維也納地鐵的規定較台北捷運寬鬆許多，但是車廂內並不會因此充滿垃圾、惡臭，可見民眾與地鐵公司皆相當用心維護車內環境。

優點4：暢行機制，輕軌電車深入大街小巷

目前維也納路面輕軌電車的營運總長度超過 200 公里，大約是地鐵營運長度的三倍之多，它不與地鐵平行競爭而是深入大街小巷觸及地鐵所無法到達的地方。輕軌電車和車輛一樣使用道路，所以必須遵守交通號誌，而它的停靠間距比地鐵更短，乘坐時相當平穩與安靜。

優點5：慢行共享機制，第一個成功建立自助式自行車租賃系統

維也納是第一個成功建立自助式自行車租賃系統的都市，許多都市

也都複製其成功經驗，所以我們現在看到的自行車自助租賃系統很多都是向維也納學習的。

目前在維也納有超過 60 個租賃點，並且搭配全市超過 1,000 公里的自行車路網，自行車騎士使用起來非常舒適安全，而且因為租賃點多靠近輕軌和地鐵，所以要轉乘也很方便。該系統提供全天候的服務，只需要在網路上註冊之後，就可透過信用卡完成租借的服務，且第一個小時使用是完全免費。利用信用卡還有一個好處，可以約束偷竊或拆解零件轉賣等非法行為發生。

從維也納的經驗可以充分體會國民素質是都市發展的成功關鍵，信任乘客，才能有高效率的驗票機制；相信民眾願意共同維持車廂整潔，才開放車上飲食與攜帶寵物，在在都是國民素質的展現，以及提供運輸友善環境的作為，都值得我們學習。

1 維也納是第一個成功建立公共自行車租賃系統的都市。（攝影／林小媛）
2 維也納的地鐵列車車廂門由乘客自行按鈕開啟，減少能源浪費。（攝影／莊元拔）
3 維也納和德國城市的地鐵站採取信任機制，並未設置收費閘門。（攝影／莊元拔）

蘇黎世：沒有公共運輸到不了的地方

蘇黎世是瑞士交通重要交通樞紐，市區內的蘇黎世中央車站是瑞士最大的火車站，共有 26 個月台、54 條軌道，每天 3000 個列車班次進出，極為繁忙。因為擁有相當便利的公共運輸，所以蘇黎世幾乎沒有公共運輸到不了的地方。其市區公共運輸涵蓋率相當高，幾乎每 150 公尺就會看見一個站點，而且車輛班次密集，民眾等待的時間短。其車票制度上，與哥本哈根類似，並採開放式驗票及分區票價，但若逃票被查獲將遭到重罰。

溫哥華：無縫運輸完整

過去 15 年，溫哥華人口成長了 18%，但由於公共運輸與慢行環境持續改善，進入市區的汽車數量反而持續減少。該市訂定發展目標，將自行車視為發展綠色、人本運輸的首要考量，期許 2020 年成為全球最佳綠色城市，而綠色交通的健全發展為其十大目標之一。

溫哥華的公共運輸系統相當多元，有行駛西海岸的特快火車。（攝影／沈芳瑜）

溫哥華的公共運輸系統有公車、高架捷運（Vancouver Skytrain）、水上巴士和西海岸特快火車（West Coast Express）。Skytrain 此系統於通車初期多數路段採用高架橋運行並連接國際機場，所以得此名，它是溫哥華快捷方便的交通工具，不僅速度快，而且車次多，因此每天可乘載許多乘客。高架列車目前共有三條路線，分別博覽線（Expo Line）、千禧線（Millennium Line）和加拿大線（Canada Line），是全球最大規模的無人駕駛捷運系統之一。高架列車不設出入閘機，依靠乘客自律繳費。為了避免乘客逃票，車上會有警察及運輸聯線工作人員查看，若被發現罰款高達 173 加幣。

溫哥華的巴士有普通巴士和 B-Line 快速巴士線，還有水上巴士，陸路的巴士係參考電車以架空線，作為電力傳輸，數量已接近千輛，路線遍及整個溫哥華，水上的小巴士也可搭載自行車，方便民

1	3
2	4

1 在溫哥華騎自行車是很舒適的體驗。（攝影／沈芳瑜）
2 溫哥華是一座海港都市，自行車搭乘水上巴士也行。（攝影／陳鈺萱）
3 溫哥華雙向的自行車專用道。（攝影／沈芳瑜）
4 溫哥華的觀光巴士活潑醒目。（攝影／沈芳瑜）

眾出行。而這些公共運輸系統全是屬於溫哥華運輸公司（Vancouver Translink）綜合規劃和管理。

溫哥華有超過 50% 旅次是透過步行、自行車與公共運輸完成，而透過都市規劃與公共設施良好的配置，使居民的小汽車旅次長度也減少 20%，這意味著小汽車的油耗和污染排放也會大量減少。

溫哥華目前擁有約 450 公里的自行車道，並持續擴大市區路網，自行車已在都市裡作為通勤工作與就學旅次使用。民眾可以攜帶自行車搭乘捷運、渡輪、公車等公共運具，以及隨處可見的自行車安全停放設施，讓騎士方便又安心。

法蘭克福：市區與通勤電車路網服務佳

【小檔案】
2012 年 Mercer 世界宜居城市排名：第 7 名
都市人口：70 萬人
都市面積：248.3 平方公里
都市公共運輸種類：區域火車、輕軌電車、公車、公共自行車
綠色交通市占率（公共＋慢行）：65%

法蘭克福的公共運輸系統包括區域鐵路、S-Bahn 區域列車、U-Bahn 地鐵、輕軌與公車。整體路網包含 17 個區域鐵路與輕軌路線、25 條地區公車與城際公車路線，平均班距在尖峰時段約 3 至 6 分鐘。

法蘭克福的 U-Bahn 系統為都市輕軌系統，服務範圍含括市中心及一些較大的市郊，行經市中心區的 U-Bahn 以地下方式興建，郊區則以地面方式興建。U-Bahn 目前營運 7 條路線。而連接 S-Bahn 與 U-Bahn 的輕軌電車，目前有 9 條地面輕軌路線，因每日營運里程可達 19,000 公里，每日旅客數為 16.9 萬人次。

法蘭克福的公共運輸系統很貼心，只要非尖峰時段，民眾不須額外費用就可攜帶自行車進入任一公共運輸工具。此外，還提供多功能的車廂設計，讓輪椅或嬰兒車都能安全無障礙的停放其中。

法蘭克福的公共運輸發達，場站設計讓民眾轉乘方便。（攝影／莊元拔）

法蘭克福的自行車可以行駛的道路很多，甚至可以騎在公車專用道，他們希望在 2015 年將自行車使用比率提升至 15%。

哥本哈根：規定都市主要道路都要有自行車道

【小檔案】
2012 年 Mercer 世界宜居城市排名：第 9 名
都市人口：120 萬人
都市面積：456 平方公里
都市公共運輸種類：地鐵、公車、公共自行車、海上巴士
綠色交通市占率（公共＋慢行）：70%

哥本哈根是丹麥首都、最大的海港，市中心人口僅 54 萬人，公共運輸卻相當發達。雖曾因人口或使用人數過少而被質疑，但當地的公共運輸發展仍舊持續進化。

哥本哈根的公共運輸主要分為捷運、火車及公車，收費制度為分區的單一票價制，屬於開放式驗票系統，無設立閘門驗票，車上將由驗票員作抽查，若遭查證逃票將會罰款高達 700 克朗（約新臺幣 4,200

元）。捷運及火車內皆有設置自行車專用車廂，車站內樓梯設有自行車牽引道，方便自行車與公共運輸銜接。

哥本哈根的捷運目前只有 M1 及 M2 兩條線路，預計 2018 年第三條線會完工。當地人主要通勤搭乘的公共運輸工具是名叫 S-Tog 的近郊鐵路，可與捷運互相轉乘。除了軌道運輸工具外，哥本哈根市區還有著相當綿密的公車路網，雖然大多是循著歷史古蹟作站點，但可及性仍相當高。

在丹麥地區，自行車運動相當盛行，哥本哈根更被譽為「自行車騎士的都市」，擁有超過 300 公里的自行車專用道，與其人口數相差四倍的台北市卻只有 247 公里。根據哥本哈根道路建設法新規定，都市內主要道路上一定要設置自行車專用道，有了政府政策的支持與民眾生活習慣的改變，自行車環境已在數十年間成為當地人民生活不可或缺的一環，其一般使用自行車通勤甚至高達 70%，就算嚴寒的冬天也有近 35% 之民眾騎自行車上下班。

新加坡：管制小汽車，同時也發展完善的公共運輸系統

【小檔案】
2012 年 Mercer 世界宜居城市排名：第 25 名
都市人口：531 萬人
都市面積：710 平方公里
都市公共運輸種類：地鐵、高架輕軌、公車、渡輪
綠色交通市占率（公共＋慢行）：68%

新加坡從都市規劃到公共運輸系統，一直是世界各國仿效的對象，二十多年前即積極發展以地鐵為主的交通建設，至今整體捷運網絡已相當完備。目前新加坡的公共運輸使用率有 68%，距離預計 2020 年要達到 70% 的發展目標已經相當接近。

新加坡認為要邁向綠色交通，在進行交通建設時應引進環境管理系統，倡議導入智慧型運輸系統使能源使用更有效率，且鼓勵步行成為通勤重要選項，並使用無碳排放的自行車營造乾淨的都市環境，個人要以更省油的選擇盡量減少碳足跡。

新加坡積極地發展大眾捷運與輕軌系統、發展電子票證、公車和捷運整合收費等等。除提供完備的公共運輸系統，對於小汽車管制也相當重視，相較於其他國家，新加坡買車金額昂貴，而牌照申請等等稅徵金額更是相當驚人，致使新加坡人民擁有和使用私人汽車的比例很低，嚴格控制小汽車每年 5% 的成長，並利用電子收費收取道路擁擠費。在交通政策的推與拉之間[13]，新加坡政府可說做得相當成功。新加坡同時也是亞洲推動小汽車共享（Car Sharing）最成功的都市，讓民眾不必擁有汽車、但可以享受其便利性。

倫敦：徵收汽車擁擠稅，使交通順暢、空氣品質變好

【小檔案】
2012 年 Mercer 世界宜居城市排名：第 38 名
都市人口：817 萬人
都市面積：1,572 平方公里
都市公共運輸種類：地鐵、公車、公共自行車
綠色交通市占率（公共＋慢行）：70%

世界第一條地下鐵路就是倫敦地鐵，倫敦也是歐洲第一個針對汽車進入市中心收取擁擠稅之都市。倫敦除了享譽盛名的百年地鐵外，也有相當發達的通勤鐵路及巴士服務，碼頭區也設置自動駕駛之輕

---

[13] 交通運輸中的 "推拉" 管理政策： "推" 就是鼓勵和優先發展公共交通，鼓勵步行、自行車等綠色交通方式； "拉" 就是採取經濟、法律、行政等綜合措施調控小汽車使用。

軌運輸系統。倫敦於 2003 年 2 月 17 日正式針對汽車進入倫敦市區內徵收額外費用。交通擁擠稅的收費範圍包括金融城和威斯特敏斯特之間區域，課稅的對象是普通汽車，但計程車、警車、消防車、救護車不須收費。具體的收費時段從當地星期一到星期五早上 7 點，到下午 6 點 30 分，普通汽車都須繳納 5 英鎊的費用（現已為 8 英鎊）。此手段讓市中心少了 20% 車流，市區交通變得更流暢、公共運輸乘載率變高、空氣品質變好、行車環境變好，使得超過 70% 的民眾感到滿意。

香港：結合捷運與都市開發形成車站生活聚落

【小檔案】
2012 年 Mercer 世界宜居城市排名：第 70 名
都市人口：715 萬人
都市面積：1,104 平方公里
都市公共運輸種類：地鐵、輕軌電車、公車、渡輪。
綠色交通市占率（公共＋慢行）：92%

香港為世界金融中心，是交通最繁忙的都市之一。而香港公共運輸系統包括捷運（港鐵）、輕軌電車、公車、小巴及渡輪。寸土寸金的香港，捷運車站廣布且幾乎每一場站都與鄰近社區做聯合開發，由捷運結合都市開發形成車站生活聚落，是公共運輸導向都市發展（TOD）的典範之一。

在香港，民眾超過九成的旅次是搭乘公共運輸工具。他們的票卡為八達通，類似台北悠遊卡，也是相當成功的電子票證系統和電子錢包。

綠色城市漢堡將高速公路變成綠住宅

榮獲 2011 年綠色市城城市獎的漢堡，也是歐洲最宜居城市之一，為了進行德國歷史上最大的一項防噪音工程。2008 年漢堡議會決定在 A7 公路的上面加個「綠色的防護罩」，也就是修建三條綠色頂蓋。將高速公路兩邊和高速公路的防護罩上設計為綠地，綠帶的周圍還以綠建築的思維建起住宅公寓。

另外，漢堡也推動汽車共享與綠色計程車（going-by-cars），多達 300 輛汽車共享，可以滿足各種不同的需求者，同時汰換老舊計程車（Green-cab programme），換成油耗效率更高也更環保的車種。而且漢堡也擴充自行車路網，並有 1,000 輛自行車共享，期望能將自行車的使用率從 9% 提升至 18%。此外，其快速鐵路也已經自 2010 年就採用綠色電力。由於多方努力的結果，從 2010 年以來，每年二氧化碳的排放量減少超過 6 萬噸。

發展公共運輸也要管制機動車輛

進一步比較各國主要交通資訊（如表 1-16），特別是私人機動運具持有方面，機動車輛登記數以美國 2.54 億輛為最高，中國 1.3 億輛次之，台灣為 2,109 萬輛，與加拿大相近。每千人小客車數則分別以義大利 601 輛最高、德國 566 輛次之，加拿大 561 為第三。顯示歐美國家雖積極強調永續運輸發展，鼓勵公共運輸使用，而仍保有高度私人機動運具。相較於亞洲國家，我國與韓國、日本相差不遠，平均約每戶一輛車，顯示發展公共運輸仍難以取代私人機動運具持有，因此若欲抑制私人機動運具，則可能應從管制私人機動運具使用的相關策略著手 。

若干國家將私人運具「擁有」政策和「使用」、「管理」政策予以區隔，以合理稅費制度引導小汽車做為休閒、共享、共乘和在非尖峰時間使用，上下班通勤、通學則使用公共運輸和慢行交通，是我們可以推動的策略。

1-16 主要國家交通統計

國家	人口 （萬人）	汽車 （千輛）	機車 （千輛）	機動車輛 登記 （萬輛）	道路 長度 （公里）	道路密度 公里／平方 公里（公里）	每千人 汽車數 （輛）	主要鐵路 公司客運 人數（萬人）
中華民國	2,322 (2011)	7,053 (2011)	15,174 (2011)	2,223 (2011)	40,901 (2011)	1.136 (2011)	304 (2011)	20,583 (2011)
美國	31,159 (2011)	242,061 (2010)	8,212 (2010)	25,027 (2010)	6,545,326 (2010)	0.716 (2010)	783 (2010)	2,728 (2009)
日本	12,782 (2011)	74,994 (2011)	12,206 (2011)	8,720 (2011)	1,212,666 (2011)	3.327 (2011)	587 (2011)	881,898 (2010)
英國	6,244 (2011)	32,990 (2011)	1,238 (2011)	3,423 (2011)	419,628 (2010)	1.735 (2010)	528 (2011)	142,869 (2011)
法國	6,329 (2011)	37,745 (2010)	2,710 (2008)	3,992 (2008)	1,028,446 (2010)	1.878 (2010)	599 (2010)	107,743 (2010)
德國	8,180 (2011)	46,811 (2010)	3,828 (2010)	5,064 (2010)	643,782 (2010)	1.847 (2010)	573 (2010)	198,128 (2011)
義大利	6,074 (2011)	41,093 (2010)	6,526 (2010)	4,762 (2010)	487,700 (2005)	1.658 (2005)	679 (2010)	52,990 (2011)
加拿大	3,448 (2011)	20,490 (2009)	595 (2009)	2,109 (2009)	1,042,200 (2010)	0.115 (2010)	607 (2009)	460 (2008)
韓國	5,011 (2011)	17,941 (2010)	1,825 (2010)	1,977 (2010)	104,983 (2009)	1.081 (2009)	363 (2010)	106,094 (2011)
新加坡	518 (2011)	810 (2011)	147 (2011)	96 (2011)	3,411 (2011)	4.873 (2011)	156 (2011)	--
香港	707 (2011)	635 (2011)	55 (2011)	69 (2011)	2,086 (2011)	1.898 (2011)	90 (2011)	38,600 (2007)
中國大陸	134,410 (2011)	93,563 (2011)	90,459 (2008)	14,146 (2008)	4,008,29 (2010)	0.430 (2010)	70 (2011)	154,288 (2011)

備註：（ ）內為統計年份。
資料來源：交通部，主要國家交通統計比較，2013。

回過頭來看台灣私人運具的發展，則因過去太重視經濟發展而忽視環境保育，過度強調車本位的公路建設，而投注在公共運輸建設上遠遠不足，在缺乏公共運輸的環境下，促使許多人在經濟所得提高後追求個人機動力，而機車由於便利性更是加速成長。全台超過1,400萬輛機車以及680萬輛小汽車，造成空氣污染、交通事故、公共健康等社會損失，在在警示我們，必須有所改變。

不僅是民眾需改變使用公共運輸的習慣，換搭公車、坐捷運、走路，更重要的是政府在公共建設的思維，也應以公共運輸和綠色交通為優先。提供完善的公共運輸環境，並抑制機動車的成長、在使用上予以合理管制，一步步向宜居城市邁進。

1-17 台灣五都及鄰近亞洲都市公共運輸市占率

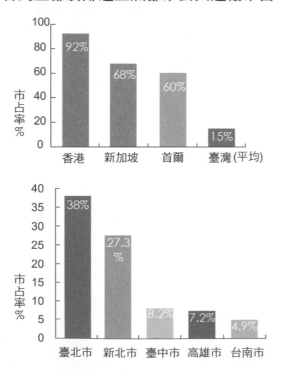

地球數碼之意涵

世界無車日發起人 Eric Britton，在 2010 年於高雄市舉辦的「共享綠運輸國際研討會」中提出了五個地球的數字：7、1、20、5、1。第一個數字 7 是地球上居住了 70 億人口，事實上實際數字已經超過，並且還不斷的增加中，這項事實除了顯示人類醫學科技日益發達，也意味著每個人平均分配到的資源將會越來越少；而我們只有 1 個地球，相較於不斷增加的人口數，這個數字短期內不會有增加的可能，而這星球上的各項資源都在減少：天然資源、化石燃料等等，以我們持續增長的人口數、我們使用資源及與環境互動的方法來看，這唯一能生存的地球正承受著莫大的壓力。

第三個數字是 20%，代表交通運輸消耗能源的比例，也間接顯示其相對重要性，同時也顯示運輸部門的活動量持續的成長。包括車輛數、行駛里程數、需要及耗費的巨量化石燃料及能源、社會成本的增加和對人類健康的危害等等。第四個數字是 5 兆，代表著地球上 70 多億人口一年出門的次數總和，例如工作、購物、醫療、出差、上學等，這也讓我們意識到即將面臨的挑戰。

最後一個數字是 1，是個可以實際實驗的數字，您只要出門前往鄰近熱鬧都市街道，如高雄、台北、台南、紐約、巴黎等等，隨意選個舒適的位置，開始計算眼前看到的每部車輛所乘載的人數，假如是自小汽車或計程車，車上所乘載的平均人數通常不會超過一位。如果是公車，多數的情況仍然是留有許多空位。這並不是件好事，三個人搭一部車跟三個人開三台車，消耗的能源和排放出的碳及廢氣，差距是相當大的。所以 Britton 教授倡導共享交通，小汽車共享也是一種綠色交通的聰明措施。

02

GREEN TRANSPORT

綠色交通都市
的關鍵策略

BBMW

在都市的發展過程中，透過公共運輸系統及土
地開發的整體規劃，將慢行環境和公共運輸放
在首要位置，就是以「公共運輸引導都市發展」
（TOD，Transit Oriented Development）為 理
念，這是邁向綠色交通都市必然採取的策略。
透過資訊及通信科技（ICT）建立無縫運輸的環
境，進而降低對汽機車的依賴、減少道路意外
事故，追求安全的基本人權。
然而公共運輸系統的建置，也必須考量都市規
模與本身財務能力，才能建立永續綠色交通的
都市環境！

圖片提供 / 高雄市政府新聞局 鮑忠暉攝影

01 小汽車多、公路多，環境更糟

自工業革命以來，城市化與機動化使得交通運輸的發展始終是各大都市最棘手的問題，尤其是以公路、小汽車發展為主要走向的都市，日益感受到交通擁擠、道路安全與環境品質的惡化。在過去以「小汽車導向 (Car-Oriented Development)」的都市發展策略下，都市不斷沿著公路向外擴張發展，而各種經濟與社會活動均依賴個人機動運輸工具達成通勤旅次目的。

在這種土地使用發展型態下，運輸成本因此大幅提昇，除了交通擁擠外，其餘如噪音、空氣污染、交通安全以及公共健康等環境問題，都是社會大眾要負擔的外部成本。小汽車的過度使用也使得道路面積和所需停車空間必須不斷地增加，以小汽車為本位所興建的高架橋雖能短期地紓緩尖峰時段大塞車的現象，卻對都市帶來環境與景觀衝擊，當銜接的平面道路塞車，高架道路也因車流集中一樣陷入擁擠的車陣中，大量油耗和污染也一併產生，使原本為紓解車流而興建的高架橋也難逃如平面道路擁擠的命運。高速道路穿越都市雖影響景觀，但對於幅員較廣、城鄉差距較為明顯的都市，高快速道路仍有需要扮演著連結城鄉機能的角色。

在此同時，都市綠地與動物棲息地也不斷地減少，行人及自行車的慢行空間受到擠壓，傳統公車系統營運陷入惡性循環，人與人之間的互動減少而增加疏離感，此種「車」本環境取代了「人」本環境，完全背離永續發展的方向。

因此，我們的都市應摒棄小汽車及公路導向之都市發展策略，朝向「公共運輸引導都市發展」(TOD) 的目標進行土地使用與公共運輸

以「車」為本、以公路導向的都市發展，將擠壓都市的空間，並造成民眾的疏離感。（攝影／莊元拔）

系統之整合發展，以便利、舒適又有效率的公共運輸系統為都市發展的主幹，全方位的落實公共運輸優先的觀念，讓民眾有所選擇並使得擁有私人機動運具者付出該有的社會代價，例如合理油價、停車收費、牌照稅、空氣污染稅等等，以期降低民眾對自用小汽車與機車的過份倚賴，創造高品質之都市交通環境，是邁向永續發展之必要政策。

綠 話 題

「宜居」不必興建高架快速道路

過去十多年來均名列世界最適合居住的十大都市——慕尼黑，早在 1970 年，當時的市長沃格爾先生就明白宣示：不再興建高架快速道路！

一向致力於公共運輸、慢行交通環境建設的他，是奠定慕尼黑成為世界宜居城市之地位的關鍵人物。

他在 1970 年曾説：「在這都市中，為了興建高架道路而投入的錢及勞力，其實都是在摧毀著這座都市」

「..each million we invest into urban motorways is an investment to destroy the city」

Mayor Hans Joachim Vogel, Munich, 1970

公路越多，小汽車相對地增加，道路安全與環境品質堪憂。

都市人口增加，土地使用開發與公共運輸必須整合，以避免都市不合理的擴張，因而衍生環境與社會的問題。

小汽車導向造成都市不合理擴張

長期以來，北美地區小汽車和公路導向的發展與土地使用分區的特性，造成都市不合理擴張與離散式郊區發展型態，自 1980 年後，便出現長距離通勤旅次的快速增加、市中心區的衰頹、空氣污染與噪音惡化、能源浪費、交通事故激增、公共運輸使用率低、生態環境破壞、土地資源過度消耗等環境與社會問題，而交通事故以及空氣污染與噪音對於「公共健康 (public health)」之危害，更受到舉世矚目。

過去二十多年，在南美、亞洲都面臨都市化與機動化的急遽發展，許多追求美式發展模式的都市也多陷入背離永續發展的泥沼，墨西哥城 (Mexico City)、德里 (Delhi)、馬尼拉 (Manila) 與曼谷 (Bangkok) 等都市都是相當明顯的案例。

至於快速發展的中國，自 1978 年經濟改革後，都市化急速蔓延，據專家指出 1978 至 2012 年間都市數已從 193 座躍升超過 700 座，都市人口亦由 7,900 萬人成長至約 7 億人。當人口成長與都市化擴張程度超出預期經濟發展，人民社會經濟活動及購買力瞬間暴增，造成私人運輸工具數量急遽成長，都市和地方政府為求快速解決交通問題而短視的擴建道路、興建高架橋與環狀快速道路來紓緩交通擁擠問題，結果都市更為向外擴張呈現片狀分佈，形成所謂「中國式都市擴張 (the Chinese version of urban sprawl)」。此一發展形成兩大特徵：一是農地與都市用地的不合理消長，2012 年底都市人口已達 52%，都市面積由 11,000 餘平方公里增至超過 35,000 平方公里，約擴增超過三倍；另一個特徵則是都市邊緣地區的大規模開發，尤其藉由經濟發展旗幟所開發之高科技園區、軟體園區等低密度新區不斷增加，且皆遠離都市中心。

除此之外，由於普遍缺乏將土地使用開發與公共運輸系統整合規劃，使得都市內住宅社區與商業活動普遍沿著公路為主的運輸系統進行開發，逐步踏上以小汽車導向都市發展的都市後塵。

02 公共運輸引導都市發展，車站成了生活圈的中心

公共運輸引導都市發展（Transit Oriented Development，簡稱 TOD）是透過公共運輸系統以及土地開發的整體規劃與管理，並結合「適宜步行」的空間設計，建構以步行及綠色運具為基礎的公共運輸環境。TOD 的發展模式需有下列五點特性：

2-1 TOD 發展模式的特性

- 具有一定的人口密度與規模
- 主要運輸路廊沿線住商混合的型態
- 都市景觀優美且慢行環境品質佳
- 公共運輸路網綿密且整合無縫服務
- 生活機能均在步行範圍可得到滿足

此外，TOD 之設計規劃需達到三個重要的公共目標：

一、鼓勵居民選擇公共運輸為主要交通工具，而非使用私人機動運具。

透過規劃設計、經由內化外部影響之機制，將周邊道路系統因私

二、人運具而產生的壅塞和環境衝擊降到最低。

三、提高人行步道及公共運輸系統之使用並進行整體規劃。

而 TOD 在發展過程中會對都市區域產生三種效應：

一、因果效應：透過公共運輸系統建立以車站為中心、向外延伸的社會經濟活動及住宅區聚點。

二、催化效應：公共運輸系統建立過程中，刺激場站區域的人口移入、增加商業活動及住宅需求等等，促使都市發展形成一種相互催化作用。

三、可及性效應：公共運輸提供市民更為可靠、便利的出行選擇，增

進整個都市區域及商業活動空間的可及性，提高市民的機動性，提高各種出行需求的服務可靠度與整體生活品質。

2-2 公共運輸引導都市發展所引發的效應

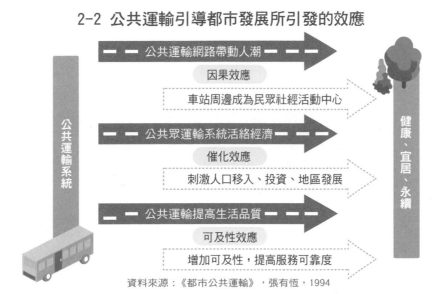

公共運輸系統

公共運輸網路帶動人潮
因果效應
車站周邊成為民眾社經活動中心

公共眾運輸系統活絡經濟
催化效應
刺激人口移入、投資、地區發展

公共運輸提高生活品質
可及性效應
增加可及性，提高服務可靠度

健康、宜居、永續

資料來源：《都市公共運輸》，張有恆，1994

綠 話 題

公共運輸村的誕生

日本東京和新加坡是亞洲公認 TOD 政策的典範。在捷運車站周邊有直接連通的商業大樓、會議中心、大型商場、住宅區、市民活動中心以及地方政府設置的辦公室。在短程範圍內利用良好步行系統即可到達多個重要設施與大樓，若要使用車輛接駁也有良好的社區巴士和計程車提供服務。

捷運車站周邊有了這些大型開發，民眾除了有更好生活環境，政府亦可以獲得開發的收入來挹注捷運、輕軌及相關的公共運輸建設，創造雙贏並加速市政發展。

東京的發展以車站為中心形成公共運輸村，是 TOD 政策的典範。（攝影／莊元拔）

3D 打造成功 TOD

一座都市要成功走向 TOD，須具備三個關鍵要素：

一、開發強度（Density）：強化車站周圍的土地使用，應用大規模的整體開發來聚集住居、生活、工作等從事經濟、社會、文化活動的人口，提升公共運輸系統使用率。

二、多元土地使用（Diversity）：結合住商混合的社區規劃，並提供各類生活所需之機能服務，同時與各種運具結合，建立多樣化的運具使用環境，強化公共運輸的可及性及機動性，使周邊民眾能以步行或自行車方式完成一般近距離活動，而較遠距離有社區中的巴士接駁服務，大大減少對於私有運具的依賴。

三、人本設計（Design）：透過都市設計方法，除可降低高樓的壓迫感，更能塑造舒適人本的步行及轉乘空間，安全、便利、人本及友善的步行環境可減少道路面積的需求，並透過規範小汽車和機車合理使用與停車管理，增加使用步行和自行車到各公共設施服務之可及性，改善運具間轉乘或接駁的效率，大大提高公共運輸的使用意願。

2-3 以公共運輸系統為骨幹的都市路網型態

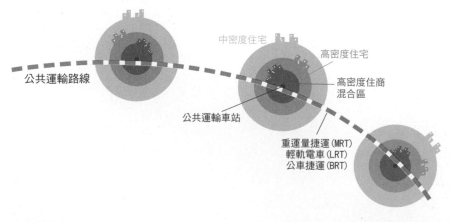

資料來源：Todd Litman，Victoria Transport Policy lustitute，www.vtpi.org，2006。

如圖 2-3 所示，都市各區域中心的發展將由公共運輸的路線串聯，各區以公共運輸車站為中心向外發展，如此一來民眾日常往返各區域進行如上班、上學等通勤和商務活動旅次，都能以主幹的公共運輸系統完成，而在各個區域內則以接駁公車、計程車、自行車和步行作為接駁服務。

活動範圍集中於車站，可減少道路空間的使用

以這 3D 要素為 TOD 發展設計原則，能更有效的完成都市內各「公共運輸村 Transit Village」的設計。這種結合公共運輸和都市發展的政策，對土地使用的方式及生活環境會形成直接或間接的影響，如在都會區尖峰上下班時段，使用公共運輸平均每人所需要的道路面積僅為小汽車使用者的十分之一，除了兩端點之接駁運具外，不需

台北轉運站內部設有商業空間，周邊有台北市政府、信義計畫區，儼然形成以車站為中心的生活圈。（攝影／林佩穎）

要額外的停車空間，如果旅次兩端點是以步行或自行車接駁，那使用的道路空間更加節省，而整個能源消耗和污染排放更少。

因此，在 TOD 的思維下，公共運輸場站的建設已不僅是車站本身的功能，車站需要透過更宏觀的設計來創造成一個生活機能完善的區域中心，而且可以利用都市更新方法將車站周邊的老舊區域活化起來，甚至仿效許多國家在捷運及樞紐車站步行範圍內提供一定比例的市民住宅及托兒所，讓民眾能真正的達到居住、生活在車站周邊地區。許多國家甚至要求大型賣場必須要設在捷運、輕軌或公車捷運車站周邊，方便民眾利用公共運輸進出大型賣場，滿足生活所需。然而許多新興的亞洲、南美洲都市仿效美國小汽車為主的社會，在郊區建置必須開車才能到達的大型賣場，這完全是讓大家更依賴私人機動車輛、是以車為本的錯誤思維，絕對背離綠色交通和永續都市發展方向。

公共運輸結合土地使用創造多贏

台灣在八〇年代以後，都市規劃過度依賴以軌道為主的公共運輸系統，在缺乏資金注入以及傳統公共汽車不受重視的情況下，公共運輸早已無法滿足民眾對於行動的需求。於是強調「個人行動化（personal mobility）」之私人運輸工具如：小汽車、機車等漫無限制的成長，都市環境品質逐漸惡化。

台北都會擁有 110 公里長的世界級捷運路網，耗時二十多年，耗資超過 5,000 億新台幣所打造，每日也僅擔負台北都會 1,300 萬旅次中不到 15% 的旅次量。於上下班時間觀察蘆洲、三重往台北必經的台北大橋，即使在 2010 年底捷運蘆洲線已通車的情況下，小汽車和機

耗時超過 20 年，花費超過 5,000 億的台北捷運路網，應與其他公共運輸共同達到 60% 的旅次量，才不至於浪費。（攝影 / 林佩穎）

車並沒有如預期的減少，其他連結台北市及新北市的橋樑通道均能發現此一現象。究其原因，除了捷運系統興建過程中因工程本位思維，而未能充分結合土地使用、都市更新以及都市設計等方法沿著捷運車站和路網來落實 TOD 政策外，對於私人機動車輛合理管制的推拉政策，以及既有之公共運輸服務整合不足，皆為重要關鍵因素。

由此可知，都市內公共運輸系統的建立，往往刺激著許多區域的發展機會，利用公共運輸系統之特性來引導都市發展，可以更有效從基礎上促成綠色交通系統的實現，並提升都市社會經濟及生活品質。

03 BBMW 是綠色交通的最佳詮釋

結合步行、自行車的慢行環境與適宜的公共運輸系統，即可奠定人本、永續的綠色交通和宜居健康都市的環境，換句話說，利用「BBMW」簡單概念來描述綠色交通，此 BBMW 就是—自行車（Bike）、公車（Bus）、捷運（Metro）及步行（Walk）四種運輸方式，透過 TOD（公共運輸導向發展）與 ICT（資通訊技術）的無縫整合，就是綠色交通的最佳詮釋。

由於不同運具有不同的服務特性及品質，適合的都市和區域範圍也就不同，針對各都市和社區的特性來配置與整合公共運輸種類，才能有效發揮不同運具的服務功能。

TOD+BBMW 的都市發展策略建立看似簡單，但要能有效將 BBMW 無縫（Seamless）結合仍是整套系統能否有效率運作的關鍵。要建立良好有效的無縫運輸環境，除了在都市規劃、場站規劃階段即對於

高雄市的鹽埕綠廊，可連結捷運站與真愛碼頭、自行車道，有植栽妝點，綠意盎然。（圖片提供／高雄市政府工務局）

2-4 BBMW 特性表

運具	站點密度	成本	服務範圍	服務特性
Bike 自行車	高	低	小	一般中小型都市可以提供 6 公里範圍內的自行車旅次；而中大型都市將自行車作為公車和大眾捷運系統延伸，是幹線公共運輸的「最後一哩（last mile）」，補足其他運具的可及程度。
Bus 公車	中	中	中	視為一般中小型都市的主要公共運輸工具，相較於中大型都市除了幹線服務外，亦作為大眾捷運系統的延伸，公車路線為支線以連接主幹線的接駁服務，而公車站的平均站距為 400~800 公尺。
Metro 大眾捷運	低	高	大	其為都市主要幹線之公共運輸系統，以專有或部分專有路權之重運量捷運（MRT）、輕軌電車（LRT）及公車捷運系統（BRT）為主，班次密集、運量大。重運量捷運平均站距 800~2,000 公尺，輕軌電車平均站距 600~1200 公尺，公車捷運系統平均站距 500~1,000 公尺。
Walk 步行	－	最低	最小	公共運輸使用者皆須由步行完成旅次，不同運具間的步行環境是轉乘接駁效率良窳的關鍵。即使是小汽車或機車使用者，其最終都是行人。因此，以人本作為徒步環境設計之理念，配合自行車塑造安全舒適之慢行環境，是綠色交通不可或缺之重要元素。

說明

1. 重運量捷運：英文全稱為 Mass Rapid Transit System，簡稱 MRT，運輸需求較大的路廊、運輸量較大、具完全路權（地下或高架）的重軌系統，俗稱地鐵。

2. 輕軌電車：英文全稱為 Light Rail Transit，簡稱 LRT，是歐洲都市公共運輸中最具代表的運輸型式，車身結構簡單、軌道重量輕。

3. 公車捷運系統：英文全稱為 Bus Rapid Transit，簡稱 BRT，在都市道路上設置或修建公車專用道，以輪胎式車輛行駛，再配合智慧交通系統技術的新型公共運輸型式。

資料來源：台北捷運報導、高雄市政府捷運工程局

以公共運輸導向的都市發展（TOD），運用資通訊科技（ICT），將各種公共運輸如單車、公車、捷運、步行等無縫接軌。（攝影／王雅湘、林佩穎）

各運具站點位置及步行空間考量整體設計外，不同運具間均能提供轉乘資訊。民眾能方便且清楚的知道前往目的地有幾種搭乘方式、換乘運具種類、轉乘所需花費時間和費用、運具時刻表及整趟旅行時間，這些資訊要如何整合讓民眾能一目了然並產生信賴感，需要靠資通訊科技（Information and Communication Technology，簡稱ICT）來達成。

ICT 科技不僅是建立無縫運輸服務的關鍵，也是抑制、管理小汽車與機車的有效工具，透過 ICT 技術可以有效管理區域內的小汽車與機車合理使用數量，並透過電子收付費系統使用路人付出應付的代價，配合推拉政策（Push & Pull），讓大家能聰明合理的使用小汽車甚至將民眾推離私人機動運具、拉向綠色交通。

04 以人為本，安全、公平 是最基本的權利

談到人本交通，安全是最基本的權利、是社會公平的重要議題。聯合國世界衛生組織與世界銀行於 2004 年共同發表「世界預防道路交通傷害報告」，強調道路交通安全對於國家社會與經濟之影響，並於 2011 年正式啟動「十年道路交通安全全球行動計畫」，期望在 2020 年能將全球每年因交通事故身亡的 130 萬人次達到減半目標，該計畫預計可以拯救 500 萬人的生命並預防 5,000 萬起重大傷害。由於交通事故所造成之經濟損失高佔國民生產毛額 GDP 的 2% 至 3%，此計畫獲得全世界主要國家的巨大迴響，其行動計畫中更加明確的指出將在車輛工程、道路設計、公共運輸、智慧執法、安全防護設施、駕駛行為等方面共同努力，而日本更宣布 2020 年是零車禍死亡之目標年，期許成為世界最安全的國家。

道路交通安全對國家社會和經濟的影響，引發世界各國的關注。（攝影 / 沈芳瑜）

台灣每年運輸事故的經濟損失逾 4,300 億元，佔台灣 GDP 的 3.2%，其中，死亡者有八成、受傷者有九成來自機車，如果有更多人使用公共運輸，就不必死傷如此慘重。（攝影／唐達言）

反觀台灣，依據行政院衛生署統計 2011 年運輸事故死亡數高達 3,704 人、受傷超過 30 萬人，就車輛使用密度與強度而言，此約為日本的三倍；且其中死亡者近八成、受傷者近九成來自機車，估計造成每年經濟損失超過 4,300 億，佔我國總 GDP 的 3.17%[1]，而這金額相當於台北捷運現有通車 100 公里的造價，也幾乎是整條台灣高速鐵路的造價，卻也是政府努力維持經濟成長的水準。

綠色交通首重人本理念，建立以人為本的「行」的環境，交通安全當然是最基本的要件。平常在路上常看到的汽車與機車違規停放、占用人行道等等，都是違反交通安全原則的行為，更不用說道路上行駛的種種違規。根據 2003~2012 年近 10 年的事故死傷統計資料，機車駕駛死亡人數占最多（超過 2,000 人），而第二名就是行人（超過 400 人），然而絕大多數的事故中，行人是無辜的，卻往往付出最多、最慘痛的代價。透過慢行交通與公共運輸構成的綠色交通系統，不僅便利民眾出行、降低建設都市道路和停車設施的負擔，同時也降低汽車與機車依賴程度、減少道路意外事故發生，大幅降低社會和經濟的損失。

---

[1] 道路交通事故成本推估之研究，周榮昌，2013。

交通寧靜區

「交通寧靜區」的概念最早源自於荷蘭,從早期主要使用減速警示、減速丘等設施減少社區之穿越性交通,提高居住品質,同時透過降低車輛速躓,保障居民行走的安全。日後,逐漸擴展至環境保護與噪音防制等議題,甚至為部份國家作為社區或都市整體生活品質營造的重要方法。

交通寧靜區以歐洲荷蘭、丹麥、德國、英國等國家與澳洲之發跡較早,接著美國、加拿大及日本亦逐漸重視此方法的應用。歐洲、澳洲的交通寧靜方法發展,除重視安全課題外,更重視人本交通的理念(如噪音、污染、可居性等),因此交通寧靜方法不僅較有地區性整體規劃、立法及規範的支持,亦強調與土地使用及都市運輸規劃等上位計劃之結合。

以荷蘭為例,最早在六〇年代末期就出現由居民以自力救濟方式設置減速丘,以降低車輛經過住宅區速躓,保障居民行的安全。而後部份都市開始發展降低車速之交通工程方法。到 1976 年,新的管制規則正式生效,產生第一個標準的住宅區設計準則,強調行人比機動車輛更有優先權,主要精神包括:

1. 減少穿越性交通。
2. 降低車輛速限至接近行人行走的速度。
3. 人行專用道路範圍的延伸。
4. 提供行人與自行車充分與平等的道路可及性。

而英國對於交通寧靜區採行應用交通工程等設計方法,來控制車流速度並鼓勵配合環境的駕駛行為。設置方法包括傳統交通工程方法與近來常見使用的減速丘、入口設計、測速照相、彎繞巷道之減速設施,以及標誌與相關景觀設計。在英國超過半數的交通寧靜區主要位於都市住宅區,其他亦包括集合道路、歷史古城之中心區、小城鎮及村落等。

資料來源:交通寧靜區之交通工程方法應用,交通部運輸研究所,2002。

05 審慎規劃
自給自足的都市運輸

綠色交通的 BBMW 運輸網中，大眾捷運系統（Metro）是其中一項，過去常有許多都市迷失於此，以為「重運量捷運（MRT）是解決都市交通問題的萬靈丹」，所以在 1980 年代，台北、桃園、新竹、台中、嘉義、台南、高雄都已陸續完成 MRT 可行性研究。當時除了嘉義，其他都市研究後均認為發展大眾捷運路網為可行，但囿於興建成本高、建設時間長的特性，無法在短時間內形成路網。目前形成路網、可以發揮功能的只有台北都會區。

隨著世界經濟趨勢，各都市大多面臨財政困難之窘境，所以如何針對運輸系統建設方案提出財務永續的有利選擇，為目前各都市發展公共運輸系統最大現實考量。不同公共運輸系統有不同的適用之需求環境，都市規劃公共運輸系統時，應先考量本身都市財務的能力、社會經濟活動強度、都市規模及旅運需求等等，尤其是在耗費資源較大的大眾捷運（Metro），更應審慎選擇。

依都市規模，訂定運輸型式

雖然推廣公共運輸是都市發展政策很重要的基礎建設，但每座都市適合的公共運輸型式和發展的方向有所不同。一般而言，小型市鎮公共運輸系統以公車為主；中型都市除了公車以外可加設公車專用道，甚至針對車流量較高的主要都市道路專設「公車捷運系統（Bus Rapid Transit, BRT）」或「輕軌電車系統（Light Rail Transit, LRT）」。大型都會區因為通勤運輸需求龐大，除了公車或輕軌電車外，使用高運量的大眾捷運系統（Mass Transit System, MRT）才足以滿足大型都會區的旅運需求。基於中、長期發展目

2-5 都市大眾捷運系統 (Metro) 特性比較

運具	公車捷運系統 (BRT)	地面輕軌電車 (LRT)	重運量捷運系統 (MRT)
站距（公尺）	500~1,000	500~1,200	800~2,000
路線容量 （人/小時/方向）	4,000~45,000 人	6,000~30,000 人	25,000~80,000 人
建設成本 （新台幣/每公里）	平面 $0.35 億 高架 $4 億	高架 $5 億 平面 $0.5 億~4.5 億	高架 $30 億 地下 $60 億~80 億
車站成本（座）	$80 萬	高架 $1 億 平面 $0.2 億	高架 $5 億 地下 $12 億
車輛成本 （新台幣/輛）	傳統公車 $400~$600 萬 聯結公車 $800~1,400 萬	$5,000~$6,000 萬	$6,000 萬~$1 億 2,000 萬
施工期 （以 10 公里計）	18 個月以內	約 2 年	5 年以上
形成 TOD 案例的著名都市	巴西庫里提巴、澳洲布里斯本	美國波特蘭市、澳洲墨爾本	日本東京、新加坡、英國倫敦

標找出都市定位，並考量財政負擔能力以選擇適合的公共運輸系統，是建立永續綠色交通都市環境的首要工作！

BBMW 的成功典範

一個都市不論運用 MRT、LRT 或 BRT 形成公共運輸骨幹，都應和都市發展緊密結合，應用 TOD 理念將站區周邊整體發展起來。國際上有大家共同認知非常成功的典範都市，例如日本東京、英國倫敦、新加坡是以重運量捷運（MRT）形成都市發展骨幹；美國波特蘭市、法國里昂和澳洲墨爾本市均以地面輕軌電車（LRT）形成都市優良特色；以及巴西庫里提巴和澳洲布里斯本市以公車捷運（BRT）為都市整體公共運輸的骨幹。

嘉義從高鐵站開往市區的 BRT 公車。（攝影／張耘禎）

法蘭克福規劃許多屬中型捷運系統的輕軌電車。（攝影／張馨文）

日本東京的捷運網絡相當密集以便運輸一千多萬的人口。（攝影／莊元拔）

採地下集電的法國波爾多地面輕軌，成了都市的美麗景觀。（攝影／吳益政）

新加坡：成功落實 TOD 理念

新加坡整合重運量捷運（MRT）、高架輕軌以及公車，形成完好的公共運輸網路。它是舉世公認落實 TOD 都市發展理念最為成功的都市之一，公共運輸使用比例佔總旅次的 60%，一般尖峰時刻更有高達 85% 的使用者，95% 的人可以在 45 分鐘內使用公共運輸完成旅次。

新加坡由於國土面積較小，必須將土地做完善的規劃，提高土地使用密度和強度。為達到此一目的，新加坡政府配合土地使用計畫，研擬交通運輸政策，其基本原則如下：

一、公共運輸場站周邊與都市發展緊密結合。

二、提供多元整合的公共運輸服務。

三、高快速路網與地區道路緊密結合並合理分工。

四、運用智慧型運輸達到網路優化與交通管理系統智慧化。

五、實施運輸管理策略管制小汽車擁有率及使用。

新加坡規劃完善的公共運輸路網，並且配合土地開發及交通管理手段，促使民眾願意搭乘公共運輸工具。TOD 的理念促使民眾利用公共運輸完成整個旅次，而新加坡為便利民眾轉乘，設計完善的複合運輸場站，整合不同的運輸工具，如新加坡 Woodland 複合運輸場站，特別對於計程車與公車實現立體、無縫轉乘設施之設計，對於通往住宅與商場亦闢建不受天候影響的完整通道，充分體現人本的設計理念。

新加坡政府具體落實公共運輸引導都市發展政策，使得民眾的生活圈集中在捷運車站區和周邊，因此帶動了車站周邊的整體土地開發；同時也針對捷運車站周邊地區做妥善的規劃，在郊區型的捷運車站，開發住宅區和購物中心，建立新市鎮，並以 LRT 來串接新市鎮與大眾捷運系統。在市區型的捷運車站，則連結展覽館、公園和商業中心，塑造良好的都市機能。公共運輸導向發展促使土地混合使用，然而住商混合的結果易造成都市景觀雜亂，新加坡政府則透過良好的都市景觀和步行空間規劃設計，來營造永續可居的環境。

波特蘭：設立發展邊界，防止擴張而倍增交通負擔

波特蘭為美國奧勒岡州最大的都市，是美國西北部的一個經貿重鎮，Intel、Nike 等著名公司的總部皆設於此地。都市總面積為 376.5 平方公里，都會區約為 927 平方公里，2010 年的都市人口數約為 58 萬 3 千餘人，整體都會區約 220 萬人，其中 2/3 的人口居住於郊區，使得尖峰時刻的交通明顯的往郊區移動。

波特蘭的土地使用政策與美國其他都市有顯著不同，1979 年設立了都市發展邊界來限制都市的擴張，使得波特蘭市中心的建築較為密集，都市的土地使用也較為集中，相較於美國其他大都市，這樣集中發展的特性可以減少城郊私人機動運具通勤的旅次，有利於發展公共運輸。1995 年波特蘭的公共運輸委員會（Metro Council）提出

「2040 成長理念」，目的在於將開發活動集中在人口密集以及主要的交通廊道上，藉此提升都市土地使用強度並減少私有機動運具使用之需求，該項都市發展政策配合輕軌電車、人本環境的建設，已使波特蘭成為北美最適合人居的都市之一。

波特蘭具有良好的公共運輸系統，市區與市郊之間有輕軌聯繫，並以公車作為接駁運具。波特蘭的 MAX（Metropolitan Area Express）輕軌系統路線總長 71.3 公里，包含藍、紅、黃三條路線，共設有 76 個車站，主要連接 Gresham, Portland, Beaverton, Hillsboro, ExpoCenter 五個都市及北邊的機場，負責 LRT 營運的公營機構 Tri-Met，除輕軌系統外，同時營運 98 條公車路線，因而能夠提供整個波特蘭都會區優質的公共運輸服務。即便波特蘭政府投資上億美元建設了輕軌運輸系統，但是其所帶來聯合開發與吸引的投資金額已超過 25 億美元，另外配合私有運具使用的管制措施，減少市區內的停車位供給，使土地作更有價值的利用，亦減少了停車場的管理與土地租用經費，同時便利的公共運輸系統改善了都市尖峰擁擠問題，減少了擁擠與污染排放等外部成本，這些都是建置輕軌電車所帶來的效益。

此外，為使土地開發與輕軌系統結合，波特蘭政府提出了一些財務優惠條件吸引投資者在車站周邊進行開發，主要包括：提供容積獎勵、稅賦減免及其他優惠措施，並將土地開發後所增加的土地稅收指定使用於改善道路、人行道等基礎設施，形成創造慢行環境的永續財源。依循公共運輸導向的發展政策下，與開發商訂定開發協議規範其開發方式，有效控制基地開發。市中心東側 Eastside MAX 藍線通車以來已吸引超過 20 億美元的開發投資；而西側 Westside MAX 藍線穿越郊區，通車以來形成許多以公共運輸為導向的大型新社區，已吸引超過 10 億美元的開發投資。通往機場的 Airport MAX 紅線則在機場附近的 Cascade 車站吸引包括娛樂、零售和辦公大樓超過 4 億美元的投資，創造了近 10,000 個工作機會。波特蘭政府基

於「公私合夥（public-private partnership）」理念，作為永續財務機制上的創新經驗，值得許多都市參考學習。

1	2
3	4

1 吉隆坡的輕軌於 1988 年興建，解決了當時嚴重的塞車問題。（攝影／陳雅雯）

2 首爾 BRT 的規劃使更多道路空間分配給其他的公共運輸系統。（攝影／張學孔）

3 波哥大的 BRT 採封閉式車站，設置於道路中央。（圖片提供／高雄市政府交通局）

4 庫里提巴的 BRT 中有使用清淨能源的加長型三節公車。（圖片提供／高雄市政府交通局）

巴西庫里提巴
Parana Municip Curitiba ●

Brazil
巴西

庫里提巴：以公車路網 BRT 代替昂貴的地鐵

庫里提巴（Curitiba）位於巴西第一大都市聖保羅（Sao Paulo）西南方 250 公里，為帕納拉洲（Parana）之首府，土地面積約為 431 平方公里，2010 年人口約有 176 萬人，土地面積約為 431 平方公里，都會區涵蓋之人口已超過 320 萬人，是巴西南方重要的工商大城。庫里提巴是巴西小汽車持有率最高的都市之一，平均 2.6 人就有一輛小汽車，針對日益嚴重的小汽車問題，早在 1970 年來即積極的以 BRT 作為發展都市公共運輸路網的主軸。今日的庫里提巴擁有密集的 BRT 路網，並成為世界上許多開發中國家、甚至成為美國洛杉磯學習的對象。其為了避免人口快速成長所造成土地空間的負擔，對於都市和土地使用政策的基本原則包括：

一、市中心的土地發展已達飽和，未來應以主要的都市走廊作為高
　　密度發展之目標。

二、交通建設與土地使用之間互相整合，為主導都市主要運輸走廊
　　發展最有效的工具。

三、規劃重點在於提供「行人」之可及性而非「車輛」的可及性，
　　尤其在易發生交通壅塞的地區應提供行人與公共運輸優先通行
　　措施。

庫里提巴之公共運輸系統起初是由一些私人經營的公車公司所組成，在沒有競爭的狀態下，每個業者只經營特定的區域與路線，導致一些需求量較低的路線時常被忽略；此外，轉乘不同公司的班車必須另外付費，使得早期的公車系統無法與快速發展的小汽車競爭。1960 年代，市政府經過長年的努力，原本希望建立都市完整的大眾捷運路網，但礙於財務上的限制，一直無法推動軌道技術為主的捷運系統，直到市長傑米勒納（Jaime Lerner）與都市運輸規劃局提出了一個新的共識：希望利用較便宜的方法，讓公車能在一般街道上透過專用道來提供近似軌道捷運系統的服務，這就是後來形成的公車捷運系統（BRT），而這位身兼建築師和規劃師的市長成為世界公認的 BRT 之父，這不僅解決建置地鐵所需的龐大成本，更能在 1974 至 1982 不到 10 年，建置 53.7 公里 BRT 和將近 300 公里接駁路線而形成完整公共運輸路網。

1｜2

1 在都市有限的財政條件下，巴西庫里提巴發展 BRT 系統，卻成了世界各國發展 BRT 的參考典範。（攝影／吳益政）

2 巴西庫里提巴 BRT 的車站造型特殊，也成了特有的都市景觀。（攝影／吳益政）

而這被形容為「窮人的捷運」的公車專用系統 BRT，不論路途遠近都是單一價，由短程的中產階級來補貼住郊區的低所得者，至今路網已十分發達，六條都市的主要運輸走廊上設有 65 公里的 BRT 專用道與超過 300 公里的接駁公車專用道；在繁忙的上下班時間，平均 45 秒就有一班公車，全市 75% 的通勤旅次都倚賴此 BRT 公共運輸系統。根據專家於 2010 年統計，庫里提巴的 BRT 於工作日的每日運量可達 130 萬人次，尖峰時段 BRT 車道運能單向可達 2 萬人次，其服務績效已達一般輕軌電車的水準；而其中 12 條直達路線，每日運量均達 25 萬人次。此外，庫里提巴也透過混合土地使用之政策，有效減少都市通勤旅次。

庫里提巴的公車系統財務表現良好，政府每月僅需向公車業者支付車價 1% 的補貼。到達服務年限的公車所有權歸市政府所有，政府將這些退休公車重新粉刷後作為臨時建築物或是流動校舍。由於整個 BRT 公車系統是以公車專用道的形式存在於一般道路上，節省了大量的建設與維運成本。市政府將節省的資金用於改善其他市政建設如公園、綠化、排水系統、供低收入市民的公寓住宅，以及其他改善市民生活的設施與服務專案。自給自足的財務狀況，使庫里提巴可以始終維持世界上最新的公車車隊。品質較好的車輛不僅安全舒適、油耗上也能更有效率。而擁有最新公車車隊的庫里提巴平均油料消耗量比巴西其他都市低了 2%，一年約可節約 2,650 萬公升燃油，整體人均能耗也較巴西其他城市低約 20%，是巴西空氣污染程度最少的都市之一，加上公園綠地覆蓋率和污水處理完備，使它因此獲聯合國頒布成為世界生態城市典範。

2-6 巴西庫里提巴初期 BRT 和公車路網

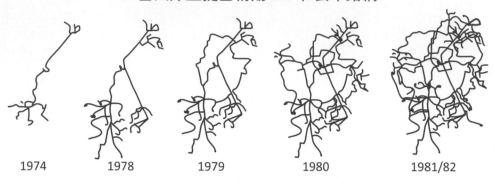

| 1974 | 1978 | 1979 | 1980 | 1981/82 |

年期	快速幹線（KM）	接駁路線（KM）	區間路線（KM）	運量（人次/日）
1974	19.8	45.0	0	45,000
1978	31.6	119.0	0	190,000
1979	47.7	186.0	44.2	207,000
1980	49.3	294.0	132.2	348,000
1981/82	53.7	294.0	167.0	500,000

資料來源：大眾運輸導向發展下運輸系統技術方案，張學孔、呂英志；Cervero, R.，1998；濮大威等人，2004。

說明

庫里提巴以不到十年時間，建設完成 53.7 公里主幹線 BRT、167 公里區間路線 BRT，以及將近 300 公里的接駁路線。

另外，值得一提的是庫里提巴的都市發展完全和 BRT 路網整合，其住商混合、大樓沿 BRT 運輸街道集中矗立，低密度住宅與公園、綠地之開放空間環繞著一群群高聳大樓，除了維護居民基本行的便利性外，亦同時創造良好都市景觀，兼顧休閒遊憩與環境保護之需求。

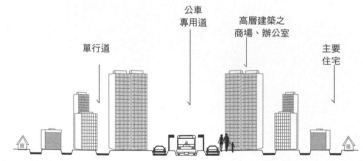

資料來源：公車捷運系統本土化之探討，濮大威、張學孔、鍾慧諭、陳柏君，2004；Cervero, R.，1998；Chang, S. K.，2008。

各都市應因地制宜導入負擔得起的運輸系統

台灣目前除了台北都會區及高雄有捷運系統外,大部分市鎮都還是以公車系統為主要的公共運輸工具。許多人認為相較之下似乎生活便利性有些差距,但其實捷運系統和都市生活便利、交通發達並不是等號。真正重要的是找出適合自己都市規模及旅次特性的公共運輸工具,並有財務永續的觀念,配合都市的發展政策將綠色交通建設蔓延整個都市。

如同目前台中市正在施工的 BRT 及規劃中的公共自行車系統,未來結合高架輕軌形成路網,也將服務台中市民每天的通勤生活。當初台中市也曾考量過建立高運量的捷運系統,但經過審慎評估後,BRT 系統才是適合台中市的主要公共運輸工具,而且也足以負荷台中市的運輸流量,假若非要建立高成本的捷運路網,反而在建設時程上無法因應民眾需求,且未來對都市財政造成負擔。政府部門在規劃都市的運輸系統時,應可以參酌國際都市綠色交通的發展經驗,並為自己服務的都市,找出最適合的公共運輸方案。

PART.

03

GREEN TRANSPORT

友善的
慢行交通環境
NON-MOTORIZED TRANSPORT

自行車從過去因為經濟因素做為代步工具，到如今成為時尚且綠色潮流的象徵，經歷過一些時代的轉折，如二戰後荷蘭建造全國自行車路網，可以說是自行車路網發展的先驅國家。而真正喚醒西方國家重視的是 1970 年代的能源危機，此後，環島自行車路網、自行車友善都市的觀念相繼地被提出，1988 年更是在歐盟憲章（The European Charter）中通過的行人權利（Pedestrians Rights）中，提到自行車的通行。隨著自行車聯盟、自行車與其他公共運輸串聯、甚至於自行車友善都市的競賽，確立了自行車在綠色交通中，無可取代的地位。

（圖片提供／高雄市政府工務局）

01 慢慢行，減污染，好健康

捷運站下車後，走上幾步路，來到公共自行車租賃站放上票卡，選了一輛看來相當新穎的自行車，往目的地前進，早晨空氣總是透著一股清新，傍晚彩霞夕照撫慰疲憊的心，都是散步的好時機，一天的開始與結束，以慢行舒緩緊繃的情緒，用時間換取的不只是減少通勤的費用，還有難以估算的健康與好心情。

綠色交通都市除了需要有適合的公共運輸系統外，屬於慢行的交通環境——自行車、步行更是銜接公共運輸的重要觸角，無縫運輸最終仍需要雙腳來實踐。

根據交通部 2013 年 1 月的統計資料顯示，台灣領有汽車駕駛執照的人數已達 1,200 萬人，而領有機車駕照的人數同樣也高達 1,360 萬人，也就是說台灣有近一半的人都可能使用汽機車！從北高兩市的道路上，充斥著大量的汽機車即可印證。不可否認汽機車的普及化使得我們擁有更便利的交通及更為繁榮的經濟，但生活在如此便捷迅速的交通環境下，我們是必須付出代價的：道路越來越擁擠、空氣越來越污濁、噪音更是令人無法忍受。

大家使用的交通運具所產生的氣體，包含碳氫化合物、一氧化碳、氮氧化物、硫氧化物、二氧化碳、臭氧、氧化鉛、懸浮微粒等空氣污染物，這些氣體除了會造成溫室效應，使全球氣溫不斷上升造成地球暖化之外，還對人體的健康造成影響。因此，健康環境、綠色交通是我們必須努力的目標，而自行車將成為最佳的綠色交通運具。2008 年環保署啟動了「節能減碳無悔措施全民行動方案」，提倡民眾共同簽署「減碳宣言」，宣言中有三項與交通有關，自行車就為

台灣自行車的騎乘多數以休閒、運動為主。（圖片提供／高雄市政府工務局）

其中一項。同年啟用「節能減碳全民行動網」，並訂 2010 年為「節能減碳年」，著手擬訂各項因應氣候變遷的相關策略，期望能以綠色政策、綠能產業來推廣綠色生活，其中也包含運輸部門發展低碳運輸的作法，建置自行車路網也是項目之一。

近幾年台灣自行車風潮已成形，但絕大多數的自行車道以休閒、運動為主，曾在六十年代以自行車當作通勤的交通運具又在近年逐漸萌芽，北、高兩市擴大公共自行車規模，就是鼓勵自行車搭配公共運輸，期望以自行車做為最後一哩的運輸工具，然而吸引通勤族、通學族從小汽車、機車轉用自行車的程度仍然有限。反觀許多先進國家早就開始重視自行車的推廣，如北歐的哥本哈根，有 70% 的民眾每天騎車上班上學。為了創造一個友善的自行車騎乘環境，歐美國家提出許多針對自行車運輸的發展方案，包含了增設自行車道、增設自行車停車空間、設置自行車路口號誌等等。

然而，當台灣想效法其他國家發展自行車的作法時，卻發現道路幾乎完全被汽機車佔據，大多數人行道也沒有多餘的空間留給自行車。因此，在有限的道路資源下，決策者必須做出決定，合理縮減汽機車

的使用面積，或是在條件允許下讓自行車道和行人專用道得以共用，不過這樣的作法，也引來了一些反對聲音，以至於無法為都市的自行車族提供一個友善的自行車環境。對於擁有一流的自行車產業的台灣，要將自行車作為日常的通勤運輸，仍有很大努力的空間。

台灣人行空間常為機車佔據，影響了自行車與行人的通行。（攝影／林佩穎）

綠話題

自行車到底省下多少碳足跡

如果以行駛長度來計算，美國汽車每英哩排放將近 1 磅二氧化碳（等於每公里 282 公克），而自行車當然是零碳排放。根據美國交通部的調查顯示，美國一半以上的旅次少於 3 英哩（5 公里），這個距離被公認為成人騎乘自行車合理的長度。但這些旅次卻有 72% 是開車，僅有不到 2% 是騎單車，就連不到 1 英哩的短程旅次，駕駛自用汽車的比例也高達 60%。

自行車通勤減少污染的效果極好，一位自行車通勤者如果每天騎 4 英哩上班，一週五天，一年下來即可減少 2,000 英哩的汽車里程及 2,000 磅碳排放（以美國汽車排放情形來計算），幾乎等於美國人年均碳足跡的 5%。若能將自行車與其他減少污染的策略結合，將能發揮更大效益。

根據交通分析師利特曼在 2004 年發表的論文中說明，自行車對於都市的經濟效益淨值絕對是樂觀的，由汽車轉換到步行或騎自行車，每趟旅程可省下 0.46 到 5.50 美元的經濟效益。

資料來源：Taiwan Watch Vol.15, No.2 / Summer, 2013。

02 歐美競相打造自行車天堂

1975年石油危機後，歐美國家驚覺能源耗竭以及環境永續的發展問題，對綠色交通的觀念逐漸重視，因此相繼投入自行車友善環境的營造，許多都市莫不以「自行車之都」自許，無論是在道路設施、號誌、路權、法令、可及性等均為自行車量身訂做，整合、細膩的作法值得參考。

歐美都市裡，常有號召大家騎乘自行車參與各類活動的風氣，這樣風氣也在台灣慢慢興起。(攝影／沈芳瑜)

溫哥華：規劃自行車優於其他路權

在溫哥華騎車很舒服，除了它是座海港都市，自然景觀也很迷人，在這裡騎車有不同的專用道，如人車共用車道、實體分隔或標線分隔之專用車道，在號誌方面除了自行車專用號誌之外，還有只有自行車可左右轉的標示等，自行車騎士可以安全的行駛在溫哥華都市內。

自行車道所規劃的路線沿途經過溫哥華市區與郊區，結合了自然景觀與人文風情，行經海岸線、史丹利公園、藝廊、博物館等地，沉浸在溫哥華迷人的魅力中。自行車騎士還可以攜帶自行車搭乘捷運、海上巴士、公車等公共運具，讓自行車的可及性更高，隨處可見自行車的停放點。

部分自行車停放架結合廣告，除了能夠有效推廣自行車的使用，還可以增加業外收入，相當有創意。溫哥華也積極規劃使得自行車在某些路段的路權優於其他機動車輛的路權，提供自行車騎士安全與便利。

1｜2　　1 為了方便自行車通行，溫哥華某些路口只允許自行車左右轉。（攝影／沈芳瑜）
2 溫哥華的自行車道沿途景觀結合自然與人文。（攝影／沈芳瑜）

阿姆斯特丹自行車收費停車場的斜坡電梯，相當便利。（攝影／吳益政）

荷蘭：從號誌到交通安全教育，最全面也最完善

荷蘭是發展自行車運輸最早的國家，漫步在荷蘭的街頭，隨處可見騎著自行車悠閒的人們，不論是大街小巷皆可看見自行車馳騁或停放於荷蘭的角落。因為他們擁有綿密的自行車路網，包含都市級、市區級、鄰里內三個層次的路網，而鄰里內的使用對象以兒童居多。自行車在荷蘭絕不是青年的專利，每年四月，針對即將邁入下一個學程的 12 歲小朋友，在即將展開騎自行車上學的生活前，進行「交通測驗」"Verkeersexamen"（traffic test），採行實地的自行車路考。政府希望透過在馬路上的學習，讓小朋友驗證正確的騎車觀念與行為，以確保他們未來騎車的安全。

為了確保自行車的便利性及安全性，荷蘭政府特別針對自行車提出專屬的交通管理政策，包含在幹道設置與行人、汽車分隔的自行車專用道，以及主要路口提供隔離的等候空間與交通號誌，次要的路口給予自行車運輸特權或是優先使用權。許多路口，自行車道上有獨立的標示、獨立的燈示，還有自行車專用圓環、專用地下道和天橋、停車架，以及車站附近一層甚至三層的專用停車場。在路口的自行車專用號誌以及停止線等完善的自行車設施，使得在荷蘭騎自行車是相當安全、便利。

除了提供民眾友善的自行車環境之外，目前荷蘭政府還致力於將機車、自行車及行人分離，並且提供自行車騎士更寬敞、更乾淨的騎乘環境，提高騎士們對騎車環境的滿意度，進而提升自行車的使用率。

巴黎：租賃站規模大、免建置成本

為鼓勵市民多加使用自行車，以減少汽車所帶來的污染，並改善市內交通，巴黎市政府從 2001 年便開始鼓勵市民多使用自行車。從 2007 年起，巴黎市參酌里昂（Lyon）成功經驗，正式啟動公共自行車租賃計畫（Vélib），而 Vélib 正代表著自由騎乘自行車的意思。由巴黎市政府和德戈廣告公司（JC Decaux）共同合作，也是目前規模最大的城市公共自行車計畫。此計畫施行第一年就使得市內車流量少了 5%，計畫的成功所帶來的環境效應，因此被英國雜誌評為居住品質佳的十大都市。這一股自行車租賃風潮，也成了各都市競相取經的地方，其中的關鍵在於此計畫由巴黎市政府和大巴黎地區政府資助，委託廣告公司承辦，也就是廣告公司以服務換取廣告，市府僅需找空間設立租車站，並協調各相關單位以確保 Vélib 可順利運作，其餘建置成本由廣告商負責，民眾不需要負擔，就可以享受自

巴黎的自行車租賃系統與廣告公司共同合作，不花納稅人一分錢。（攝影／張耘禎）

行車的便利；由於租賃站夠多、車輛數夠多，在當時是發展規模最大的都市。

巴黎政府和廣告公司的合作模式，是協議廣告公司德戈（JC Decaux）承擔包含 9 千萬歐元購買自行車、10 年自行車的修理費用，以及 300 位維持營運的員工工資；而德戈公司在十年內可以經營 1,600 個戶外廣告看板業務。透過產業合作，政府不需花費納稅人的一分錢，還可獲得每年由廣告公司支付的回饋金。

2007 年租賃服務一開始即提供約 10,000 輛自行車供民眾和遊客使用，750 個租賃地點，讓民眾很方便就能取得，並且採取便宜的價格鼓勵大家做短程使用。由於使用績效佳，自行車租賃設施每年仍不斷的增加，截至 2013 年 11 月為止，共設有 1,800 個租賃站、超過 2 萬輛自行車，提供 24 小時服務，分布在巴黎和周邊 30 個衛星都市中，站距平均約 300 公尺，每一站可配置 70 個停車格位，但依據各站需求而不一。

在營運初期，此系統失竊的車輛高達為 3,000 輛，累積至今約有將近 15,000 輛的公共自行車遭竊，而遭竊車輛經調查大多數被運往東歐國家，估計 2012 年自行車失竊造成的經濟損失約已高達 100 萬歐元，預計 2013 年的損失會更重。即使如此，巴黎政府和營運公司仍

使用巴黎的公共自行車，要先買卡，卡則依使用期限而不同。（攝影／張耘禎）

秉持供給不變原則，持續提供足夠的自行車供民眾租借使用，同時加強稽查作業，期能降低車輛失竊率以及避免車輛遭到破壞。

在收費方面，巴黎自行車的出租方法分為短期和長期兩種，如果選擇辦理一年期出租卡，租金為 29 歐元，對於學生跟高齡者有 10 歐元折扣；另外一種短期的租車費：30 分鐘內免費，超過 30 分鐘收費 1 歐元，第 2 個 30 分鐘收費 2 歐元，第 3 個 30 分鐘則要收費 4 歐元，另外，若租借者離最近的站點無空位可還車，可以獲得額外的 15 分鐘，去尋找其他租賃站點。而對於長期使用者還可以儲存使用時間供下次使用。各種收費機制的設計就是為了增加公共自行車週轉率，也提高民眾使用的誘因。

除提供自行車租賃服務外，配合都市發展與道路規劃，巴黎也積極建置自行車專用道、專用號誌與指示標示、專用停車場，並與其他交通運輸工具有良好的整合配套；市政府更與業者合力推出「都市騎車指南」，向使用者介紹了道路安全行駛之規章制度，講解可能遇到的危險與安全建議；另外亦出資輔導 300 個自行車服務據點提供存車、租車、修車三合一服務，增加使用自行車的便利性。

騎自行車遊巴黎，輕鬆愜意。（攝影／張耘禎）

挪威桑納斯：增設自行車基礎設施，提高便利性

挪威擁有美麗的海岸線，其位於中部的桑納斯（Sandnes）有長達數百公里的海岸線，美麗的藍色水道是挪威民眾的戶外自行車天堂！

桑納斯市政府在 1991 年提出了健康都市計畫，從此所有的施政都能夠放眼於民眾的健康以及生活環境，並減少道路機動車輛為目標。為了達成目標，開始著手營造為一座自行車友善都市，利用提升自

行車使用的人數來改變民眾的交通習慣。從 1991 年起一直到 2002 年，桑納斯市政府投資了將近 1,250 萬歐元來建設自行車基礎設施，包含了建設自行車租賃站、建置自行車租賃系統、規劃自行車道。

除了桑納斯，挪威有許多城鎮地形高低起伏，如特隆赫姆 Trondheim 還為自行車騎士設計了自行車專用電梯，這種電梯建置在各個上坡路段，如此一來便解決了騎士每次遇到上坡便總是騎得汗流浹背的狼狽樣，在挪威騎著自行車便能享受如此貼心的設施。

經長期發展下來，挪威的整體交通事故下降，也有越來越多民眾喜歡利用自行車通勤、通學，並到戶外踏青。

美國博爾德：速限規定保障安全

在美洲，也有許多的城市發展出即優的自行車環境，其中以美國的科羅拉多州的博爾德（Boulder）為最令旅行者嚮往，原因是博爾德一年有超過 300 天是晴天，而且由於當地政府致力於制訂明確的自行車的相關法令，其中包含：當自行車騎士要通過行人道時，自行車的速限為 8 英里（約 12.8 公里），此一政策不僅保護了行人，也同時提醒自行車騎士應該要注意騎車安全。博爾德因為它的氣候加上良好的自行車環境，也成為理想的自行車旅遊地點。

當然除了速限之外，自行車的停放也是博爾德市政府重視的議題，在當地騎車不能隨心所欲地將自行車隨處停放，必須依照規定停放於指定的地點，此一政策的目的除了讓自行車的停放整齊美觀之外，還讓其他用路人在通行時可以不受到阻礙。

另外，博爾德還設計了一個名為「Go Bike Boulder」的網站，民眾只要登錄就可以利用網站做路線規劃，此外，這個網站還能協助自行車騎士計算路程所省下的油錢以及減少的二氧化碳，讓民眾真正感受到自己也是節能減碳的一員！

從表中比較各國公共自行車租賃系統，可以看得出規模較大者，可及性較高，更能帶動民眾使用，並且與公共運輸車站結合增加使用旅次，而越晚建置的租賃系統手機結合更為方便。

3-1 歐美都市自行車租賃系統比較

計畫名稱／城市	Velib／巴黎	Call a bike／ 柏林／慕尼黑	SmartBike／華盛頓DC
城市人口／都會人口[1] （萬人）	220萬／1200萬	140萬／600萬	60萬／530萬
人口密度（人/平方公里 km²）	24,948 人/km²	4,370 人/km²	3,700 人/km²
系統類型	Velib	Call a bike DB BAHN	SmartBike
啟用年份／月	2007／7	2001	2010／9
自行車數量(年份)	23,600輛(2010)	1,350輛(2004)	1,800輛(2013)
自行車租借站	1,750座(2010)	55座(2004)	200座(2013)
發展現況	啟用時巴黎成為當時全世界最大的自行車共享系統，其資金來自廣告收益。 84%的使用者結合Velib與其它運具一起使用。	此系統為德國國鐵(DB)開發，主要服務火車通勤者。	啟用三個月後，已有930人註冊、平均每天有130位使用者，首都的交通局(DC DOT)已計畫擴大推動公共自行車系統(PBS)。

[1] 各國標準不同，台灣以中心都市人口及衛星市鎮人口達100萬人以上或即將達100萬人的地區，且社會經濟發展程度較高，稱之為都會區。資料來源：行政院主計處

Bicing／巴賽隆納	BIXI／蒙特婁	OV Fiets／阿姆斯特丹	OY Bike／倫敦
160萬／320萬	160萬人／360萬	74萬人／670萬	750萬／1200萬
15,991人/km^2	4,439人/km^2	4,457人/km^2	4,700人/km^2
Bicing	BIXI	OV Fiets	OY Bike
2007／3	2009／5	2002	2010／7
6,000輛(2010)	3,000輛(2010)	6,000輛(2011)	5,000輛(2011)
420座(2013)	300座(2010)	60座(2011)	300座(2011)
當時為全世界第二大的公共自行車計畫，每輛自行車每日平均租借率為7.8次。	不同於其它系統由廣告公司來建設經營，該市委由公共停車業者開發與營運，由於站體可攜式，因此可快速調整區位、反應需求。	設置地點多為火車站，與荷蘭鐵路公司NedRail合作，目標為提高使用自行車到、離火車站的旅次，設置後從10%成長到40%。	系統規劃以手機借、還自行車，利用自行車身上的廣告看板收益來平衡支出。

資料來源：建築與規劃學報及 http://www.publicbike.net/

$\frac{1}{2\ |\ 3}$

1 美國華盛頓可乘載自行車之地鐵巴士。
（攝影／張馨文）

2 瑞士火車有專為擺放自行車而設計的車
廂。（攝影／吳益政）

3 丹麥國家鐵路有專為自行車、輪椅、嬰
兒車規劃的車廂。（攝影／張馨文）

自行車的世博會

每年全球最大的自行車會議（Velo-city Global - the premier international cycling planning conference），輪流在歐美國家舉辦，1980 年首度在德國舉行，1983 年之後由 ECF- European Cyclists Federation（歐洲自行車聯盟）主導，分別在蒙特婁、巴塞隆納、巴黎、慕尼黑等不同國家都市舉行。

在溫哥華舉辦 2012 年的會議中，探討自行車環境的規劃、設計、政策擬定與策略實踐等，會議中有演講、圓桌會議的討論、博覽會與展覽等，以促進全球對於自行車環境、自行車安全、自行車產業、學術研究的國際交流，同時也推動自行車觀光與行銷都市，及改善自行車環境，堪稱自行車界的世博會。

$\frac{1}{2\,|\,3}$

1 自行車國際會議中，展示有各種造型的車棚，增添都市景觀的趣味。（攝影／沈芳瑜）
2 展覽會上的自行車保護蓋頗為新鮮有趣。（攝影／陳鎰萱）
3 自行車租賃設備。（攝影／沈芳瑜）

03 台灣發展接駁與遊憩型的公共自行車

為了推廣綠色交通以及減少汽車、機車的使用，許多國家紛紛以共享的理念發展公共自行車，台灣各都市也相繼投入公共自行車的發展，不斷增設自行車服務站，結合智慧卡等服務，積極營造自行車環境。

高雄公共自行車（C-bike）
全台第一座「都會網絡型」租賃系統

高雄市是全台最早大規模建置自動化公共自行車系統的都市，自2008年11月開始建置、2009年3月1日正式啟用，由高雄市政府環境保護局規劃後委外經營，也是台灣第一個「都會網絡型」公共自行車租賃系統。而自行車道也從2009年初到2010年短短時間打

高雄市是全台最早設置公共自行車的都市。（攝影／王雅湘）

造超過 250 公里，2010 年時還榮獲 CNN 評選為亞洲五大單車都市，與日本京都、韓國濟州、中國北京、新加坡並駕齊驅。

自從 2011 年 7 月 21 日起轉由高雄捷運公司經營，以都市接駁型及觀光遊憩型兩大發展主軸，其利用自身提供公共運輸服務之優勢成功締造 2013 年服務超過 200 萬人次使用之績效。也帶動了南台灣各都市以更積極的態度來推動公共自行車。

使用方式：提供信用卡與一卡通付費，第一小時免費，並提供從捷運轉騎公共自行車的優惠。

營運績效：目前全市總計 118 座租賃站點，租賃站點密度高，平均每站間距騎乘約八分鐘內，預計 2013 年底將可完成 160 座租賃站點。而使用人次也屢創新高，今年六月份使用量為 19.3 萬人次，創下營運以來單月新高。

台北公共自行車（U-bike）週轉率可媲美全球

台北自行車的租借服務是從 2000 年開始推動，以休閒為主的河濱自行車道設置 10 站，屬「小區域租賃系統」，獲得熱烈迴響，於是 2009 年獲空氣污染防制費補助，試辦「台北市接駁型公共自行車租賃系統建置及營運管理示範計畫」，在信義計畫新區建置 11 個自行車租賃站、500 輛自行車供租賃使用，提供長、短期租借服務，並建置營運服務中心（YouBike Center）提供會員申請使用、車輛維修調度等服務，為台北市的綠色交通打造一個良好的基礎。之後在 2011 年擴大辦理「台北市公共自行車租賃計畫」，委託台灣捷安特公司進行建置及營運管理，其租賃站位置主要以大眾捷運場站為設立基準，方便民眾轉乘捷運或其他公共運輸工具，讓公共自行車成為都會區交通系統的一環，成為社區間具有接駁與休閒功能的綠色運具。

台北市公共自行車因站別使用人數的差異，所提供的車輛數也不同。（攝影／林佩穎）

使用方式：對於非會員單次租車除了晶片信用卡付費，還可選擇悠遊卡和手機小額付款。

營運績效：目前微笑單車已於台北市信義區、中山區、松山區、大安區、南港區、中正區等處提供服務，至 2013 年 9 月，台北市微笑單車租賃站點已建置完成 119 站，共 3,400 輛自行車提供服務，每車每日週轉次數高，可媲美全球。

3-2 北高公共自行車費率表

地區 種類	台北市U-bike		高雄市City-bike		
使用 時間	30分鐘內	30分鐘 以後	60分鐘內	60分鐘 至90分鐘	90分鐘 以後
會員	○	10元 /30分鐘	×	×	×
非會員	10元 /30分鐘	10元 /30分鐘	×	×	×
一卡通	×	×	○	10元	10元 /30分鐘
一卡通轉騎	×	×	○	6元	10元 /30分鐘
信用卡	×	×	○	10元	10元 /30分鐘

註：台北市 U-bike 在使用一卡通和信用卡登記為會員後可開始租用。

新北市（Newbike）與台北市租賃系統整合

新北市從 2008 年 10 月 31 日基於推動綠色交通、打造低碳城市之政策，開辦「公共自行車租借系統」，試辦期間在新板低碳示範區設置 5 處人工租借站，提供民眾以雙證件租借可免費使用。2013 年 8 月底則正式啟動 24 小時全年無休自動化服務，原先設置的 13 站人工化租借系統將轉為示範點，後續將優先針對捷運站各站點及周邊，繼續擴大設點，並朝雙北整合的方向辦理。目前選定第一個合辦區域為南港和汐止，南港區已有 YouBike 的設置，NewBike 也會儘快在汐止試辦、加速二系統整合之期程，以利兩市民眾使用。

使用方式：前 30 分鐘免費，以後每 30 分鐘 10 元，自動化後將可至官網、各站點資訊機、服務中心申請註冊後，憑悠遊卡借用。有關營運績效，NewBike 自 2008 年開辦至 2013 年 5 月底止，累積租借次數約 62 萬人次，現正規劃大規模推動，並以自動化系統運作，結合台北市 YouBike 能持續帶動大家騎乘自行車的風潮，打造一個公共運輸為主、公共自行車為輔的綠色交通新模式。

台中和台南正摩拳擦掌

台中市公共自行車（i-bike）已經在規劃中，將於 2013 年 11 月完成，取名「i」代表智慧（intelligence）的意思，希望以智慧型公共自行車系統來建置大台中交通網路的「最後一哩路」，預計二年內建置完成與現有公車路網、快捷巴士（BRT）、捷運藍線充分整合，讓台中的公共運輸路網更為完善。

除此之外，2012 年底環保署為降低都市空氣污染，從空污基金提撥經費補助公共自行車租賃系統試辦，經評選後，台南市獲得環保署全額補助 2,400 萬元，已於 2013 年 3 月啟動建置計畫，預計未來將購置 1,500 輛公共自行車、90 個租賃點，提供民眾低碳慢活交通的另類選擇。

1 | 3 | 4
2 |

1 維也納在行人與自行車道共用的道路上，設有小心行人標誌提醒騎士。（攝影／張馨文）

2 維也納即使是路幅不大的單行道上，也規劃有自行車道。（攝影／張馨文）

3 華盛頓的公共自行車路網圖，標示得相當詳細。（攝影／張馨文）

4 哥本哈根的自行車道與小汽車道一樣寬。（攝影／張馨文）

騎自行車上班、上學去

在了解台灣和其他國家目前發展自行車的狀況之後，得知自行車友善環境是永續運輸、健康都市的重要元素，要了解一個都市的自行車友善環境與否，不只要考慮建置公共自行車系統站數、車輛，還包含了自行車停放空間、自行車道長度、相關法規、鐵馬驛站數量、安全宣導活動、治安失竊率公開資訊透明度、空氣品質等因素[2]。

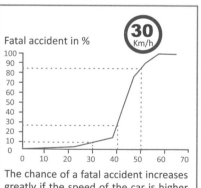

Fatal accident in %

30 Km/h

The chance of a fatal accident increases greatly if the speed of the car is higher than 30 kph

安全的慢行空間，機動車輛時速不能高於30公里，否則將大幅增加意外事故的可能。（資料來源：2012 年溫哥華世界自行車大會）

[2]《單車誌第 72 期》針對「臺灣自行車友善都市大調查」，衡量與評選的標準，總計有 10 項。

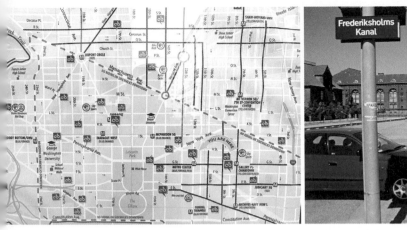

而這些發展自行車租賃系統相當成功的國家都市，雖然發展背景不同，卻有以下的共同特色：

一、市長和民意代表全力支持。

二、公部門和企業界共同合作。

三、環境、都市發展和交通局的跨局協調整合。

四、市區騎乘環境同步改善。

五、應用先進科技掌握使用情況並提升經營效率。

六、訂定五至十年發展計畫和目標逐步完成。

台灣因應節能減碳的思潮，五都積極推動公共自行車計畫，尤其已運作多時的台北與高雄已形成都市的健康、綠色意象，不論是作為一般短程旅次使用，或是捷運和公車的接駁服務，都已逐步形成風潮，並且分階段擴大建置，獲得了民眾高度肯定。

雖然台灣五都城鄉發展差異頗大、擁有資源也不盡相同，透過民間自行車友善環境因素進行評比，結果雖有先後，亦各有發展特色。全台在「挑戰2008：國家發展重點計畫」的政策下，建構休閒自行車道，環島以及各地方區域的自行車道逐步建置完成，使得台灣在遊憩、休閒的自行車環境已屬世界一流水準，但對於通勤或通學市區騎乘環境還有很大努力空間。

由於台灣有龐大的機車問題，在道路條件不足情況下，常常導致自行車專用道及路網串連不易，根據交通部資料顯示，台北目前有近90條的自行車專用道，其中扣除河濱自行車道之外，在市區的自行車道幾乎都有被截斷的情形，使得自行車騎士不是和機車爭道就是和行人爭道。尤其在車流量大的路口自行車道即被截斷，使得騎士非常不安。因此台灣各都市有必要開始著手規劃通勤自行車路網，設定五至十年的推動計畫，以條件較佳的道路開始啟動。

再者，休閒旅遊區、都會區內設置的自行車專用道若能連接起來，可促使自行車道的建置更為完善，通勤通學將更為方便，並透過政策宣導，提倡通勤通學者使用自行車，將自行車當作日常交通運具。

然而，在推廣自行車為生活運輸一部分的同時，不可忽略自行車的安全教育。根據荷蘭和德國的自行車發展經驗，自行車的安全教育應從小就開始培養，將交通安全的觀念導入孩童的教育課程中，以達國際水準。並提倡道路不同使用者的相互禮讓和尊重，強化大家對於行車安全的重視。

無論如何，打造友善自行車和綠色交通環境，需要中央和地方政府的環境、交通、工務、執法、都市發展等不同部門共同合作。期盼自行車生產王國的台灣，也將是擁有世界級友善自行車環境的國家。

2013 年完工的前鎮之星自行車橋，其藤蔓造型已成為高雄市單車族遊憩的新景點。（攝影／王雅湘）

卡洛斯‧波多台灣誌
永續運輸專家考察台灣公共自行車系統

台灣一直以來被譽為擁有良好的自行車產業，因此吸引許多國外自行車愛好者前來，盼能了解台灣的自行車產業，並將技術帶回他們的國家，2013 年 4 月底，國際知名的永續運輸專家卡洛斯‧波多（Carlos Pardo）先生便來到台灣，進行學術交流以及考察台中與台北的自行車環境。

來自哥倫比亞的卡洛斯（Carlos）是美國交通政策與發展研究院（ITDP）及德國全球合作發展中心（GIZ）聘請的永續發展專家，卡洛斯此行的目的是希望能夠和台灣的自行車產業合作，並促使拉丁美洲與台灣自行車產業共同協助推動全球永續的都市運輸。

卡洛斯在 2010 年高雄市和運輸學會主辦的世界共享交通論壇就曾受邀來台演講，當時即對台灣的自行車產業和環境留下深刻的印象，而此次先是參訪了財團法人自行車暨健康科技工業研究發展中心（CHC），對於未來技術合作和教育訓練構想進行交流。次日，到台北的 U-bike 公司了解目前 U-bike 的發展，並從三張犁騎著 U-bike 到台北小巨蛋，體驗騎著自行車漫遊大台北。

使用 U-bike 後，卡洛斯對台灣的公共自行車系統大加讚揚，他希望未來能夠積極推動台灣和哥倫比亞，在自行車產業以及公共自行車發展的交流與合作。

台灣應該善加利用自己的優勢，不再僅是「自行車製造王國」，更朝向「自行車使用王國」的目標邁進，漫遊大街小巷的不再是機車，而是充滿健康、活力、無污染的綠色載具——自行車。

筆者（張學孔）帶領卡洛斯‧波多體驗台灣的自行車環境。（攝影／林佩穎）

04 11輪：走路，才是享受環境的主人

步行是慢行交通最佳的選擇。閉上眼睛，讓我們一起想像走在一個美麗、安靜、平穩的步道上，呼吸著清晨的空氣、品嘗午後溫暖的陽光、金黃的夕陽、仰望滿天的星空。走在這樣的步道上，心情是不是也跟著美麗起來了呢？

過去，總認為都市的交通系統就是要快速，才能帶動經濟的發展，認為慢是阻礙。但隨著現代機械化交通的發展，供汽機車行駛的馬路越來越大，步行空間逐漸縮小，甚至受到威脅，我們漸漸遺忘步行能讓我們對周遭環境多一些關心，讓浮躁的心情沉澱下來，讓健康靠近你。而任何一種運輸工具的使用者，其最終都必須——步行，我們停放汽車、機車也不應該妨礙大家行走的空間。

步行，可以減少私人運具的使用，進而減少能源消耗和各種廢氣的排放，讓我們生活在一個空氣清新的優質環境。

寬敞的人行空間，走起來特別舒服、有勁。（攝影／王雅湘）

步行環境要安心、有趣

雖然大家都了解步行益處良多，但是這項行為必須被倡導、被重視，甚而考量行人的感受。街道上滿滿的汽機車，連人行道都是障礙重重，行人該如何行走呢？重視道路交通安全，便不能漠視行人的安全。各國的政府機構、規劃師、建築師以及工程師，對於行人的慢行環境和安全問題均以積極的態度進行改善。

1 | 2
   | 3

1 華盛頓喬治城人車分離的設計，行人放心的享受走路的樂趣。（攝影 / 張馨文）

2 法國柯瑪寬敞的慢行空間，走起來特別舒適。（圖片提供 / 林佩穎）

3 東京人行專用道的標誌。（攝影 / 莊元拔）

英國：邊走邊欣賞藝術作品

英國在道路規劃時，對於行人的環境特別關注，英國政府希望提供給民眾一個寬闊且安全的街道。為了符合這項原則，英國將道路的人行空間增加並在街道添入藝術品，讓英國的街道不再單調乏味。同時，英國藉由減少汽機車的行車速限來提高行人的安全。如果我們的都市也可以像英國一樣，在我們的步行區放置一些藝術品來吸引民眾，同時也在步行區限制汽車以及機車的話，相信民眾一定可以行得安心、行得有趣。

德國：將街道分級管理與設計

德國傳統的都市規劃開始於街道規劃。在十九世紀末，工程師和規劃師開始發展街道等級的設計與管理理念，各個都市紛紛根據交通流量進行街道分級。德國認為好的街道路網，應該要能包括各種交通服務的主要道路以及能夠適應居住的輔助道路。

此外，為了保護歷史都市，堅持不應為了滿足交通而增加道路面積，他們認為街道設計應該考慮人本需求。因此，德國都市刻意將社區道路設計成曲線、窄小，使得小汽車駕駛對於道路感到不舒適，且此類道路也較容易壅塞，如此便會降低民眾開車出門的意願。同時也驅使駕駛小心開車，注意行人和自行車的安全，這些主張就是希望民眾改以慢行交通來代替開車。

日本：行人最大

日本是現在世界上國民最長壽的國家，但原因不僅是因為飲食習慣和擁有先進的醫療體系，最重要的是一直致力於將步行推廣為適度的保健運動。

步行在日本如此風行的原因，主要來自於擁有良好的步行空間，許

日本擁有良好的步行空間，並處處提醒「讓」行，相當重視行人安全。（攝影／莊元拔）

多到過日本旅遊的人都有的共同感受：走在日本的街頭，不需要擔心會與車輛發生碰撞，因為走起來很安心。為什麼日本可以擁有良好的步行空間？第一，因為日本倡導市區行車低速限由來已久，所以車輛的速度都不快；第二，日本長期宣導人本交通、尊重行人之安全和駕駛文明；第三，日本在市區妥善運用標誌、標線和彩色鋪面，時時刻刻提醒用路人「讓」行、「小心行人」等。

最重要的一點是，為了落實行人安全，在上班上學時段，許多通往公司級學校的道路，改為臨時行人徒步區，以確保行人的安全。甚而落實交通安全教育，日本每年請各地方警察派員教導日本小孩如何安全過馬路。

了解英國、德國以及日本的行人空間後，可以發現其他國家早就開始重視步行環境和行人安全的問題，而台灣逐步由「車」本位轉為「人」本位的綠色交通思維，除了環境面的改善，更需要駕駛行為面的提升。

許多人會反應：走在台北的道路上，路磚總是凹凸不平；走在騎樓則是被停滿的機車，阻礙了去向。我們的行人步行空間不斷被各種不同的理由壓縮，造成行人步行的不適，甚至發生事故。

為了提升行人的安全、吸引更多人願意步行，台灣應該更重視步行環境連貫性和舒適性，提供給民眾一個安全、舒適、美麗的步行空間！

雷德柏恩模式（Radburn Model）：人車分離都市規劃概念

在十九世紀初，人們開始希望意識到應擁有更多的公共空間和人行步道，為了滿足這樣的需求，各國開始興建公園，並於公園內外設計許多步道，其中德國的柏根漢德公園是當時最大規模的公園，而且它根據不同的交通型態將道路分離，在公園中有一條馬車道以及兩條完全獨立的步行道。大家熟悉的紐約中央公園便是以類似柏根漢德公園的方法來設計公園內的道路，它為每種交通方式設計了一套完全獨立的路網，且於交叉處設置了天橋。而雷德柏恩住宅區的規劃方式則深受中央公園的影響，也因此才將雷德柏恩模式作稱為一種人車分離的模式。

資料來源：叶彰姚、陈小鸿 (2009) 雷德朋体系的道路交通规划思想评述，国际城市规划，Vol.24(4), pp.69-73.
百度 (http://wenku.baidu.com/view/580ffe59be23482fb4da4cdf.html)

街道家具反映都市步行文化

該如何吸引民眾放棄小汽車或機車而改用步行呢？關鍵之一在於創造一個美好的步行環境。國外的人車分離，提供行人安全的環境，但這樣仍是不夠的。一座都市的進步不是在它的建築物有多宏偉壯觀，也不是在交通有多進步，更不是有多少座美麗的公園或林蔭大道，真正能夠判別一個都市進步的關鍵在於一些不容易被察覺的地方，也就是所謂的「街道家具」的設計與配置，路旁常被人忽略的路燈、公共座椅、公車亭等等，都是都市裡必要的公

豐富步行空間，引發步行的興致。（攝影／林佩穎）

1
―
2

1 街道上的藝術品是都市美麗
的角落。（攝影／王雅湘）

2 「街道家具」如座椅等其設
計與配置的用心，是都市進
步的象徵之一。（攝影／林
佩穎）

共設施，而它們同時也反映了一座都市的文化和品味。

拜訪一座陌生都市，其公共垃圾桶不讓人有嫌惡之感，而是帶著愉
悅的心情走近，並駐足欣賞這具垃圾桶的設計之美，那麼你就能確
信，來到了一座進步的都市。而台灣是否具有此般魅力，讓國外友
人覺得來到了一個進步的國家呢？

其實，生活周遭有許多街道家具的存在，但往往被忽略，所以營造
步道空間有必要善加運用，設計為吸引民眾目光的家具，讓步道走
起來更有趣、更吸引人。

台北市的河濱公園有許多騎自行車休閒與步行的民眾，往往走累了、
騎癱了，卻找不到地方可以休息喘口氣，如果貼心的在行人專用道
旁放置座椅，讓累的人坐下來喘氣、賞景，讓慢行更輕鬆愜意。

綠美化增添步道魅力

除了利用裝置藝術品以及街道家具來美化我們的行人專用道，植栽也是另外一種選擇。

王夢麟有一首歌叫做木棉道，這首歌的歌詞是這麼寫的：
「紅紅的花開滿了木棉道，長長的街好像在燃燒，
沉沉的夜徘徊在木棉道，輕輕的風吹過了樹梢，
木棉道我怎能忘了，那是去年夏天的高潮，
木棉道我怎能忘了，那是夢裡難忘的波濤，
啊愛情就像木棉道，季節過去就謝了，
愛情就像那木棉道，蟬聲綿綿斷不了…」

高雄林森路、楠梓地區就有成排的木棉樹，春天時火紅的花，點綴在街道上，搶眼艷麗，高雄夏天的街道上掛滿了鮮黃的阿勃勒，像黃金雨般，在豔陽下更顯燦爛，心情也跟著開朗了起來。台南的東豐路上，種植了整排的黃花風鈴木，每到了花季，總能看見許多人在人行道上欣賞隨風搖曳的花串，也吸引了攝影好手捕捉美麗的畫面。

1 | 2

1 高雄市中山三路的風鈴木，到了初春綻放美麗姿態，吸引路人眼光。（攝影／黃柏仁）

2 規劃整齊的慢行空間，滿足了行人、自行車族的需求，相對地用路人也願意遵守使用規範。（攝影／王雅湘）

植栽緩頰於街道的熙來攘往，區隔出的小天地，剛好給行人一點紓緩與愜意，它是一種推力，讓人流連於步道上。

慢行環境是人本永續發展之基礎

近年台灣也開始重視人本主義和永續發展，推動慢行空間的發展，行人徒步區和自行車道也跟著越來越多，許多道路也利用改造機會拓寬人行道寬度並增設自行車道，像台北和高雄在捷運完工時也將車站和捷運走廊的道路空間重新改造，為人行道、自行車道讓出更大的空間，並刻意縮小汽機車的車道。這是重大的轉變，讓我們的都市環境朝永續方向邁進。

詳細檢視台灣各都市現有的慢行空間，仍有許多不足，像是汽機車占用行人道、公共設施不足、慢行空間不連續等問題，如果真的重視以人為本的慢行環境，想要提供都市友善的慢行空間，那麼就必須從街道的規劃、設計著手，同時檢討號誌、標誌、標線及相關防護措施，將行人與自行車納入考量，讓慢行環境更安全、更友善、更吸引人！

PART.
04

GREEN TRANSPORT

新技術・新能源・新概念
綠色交通好行

NEW TECHNOLOGY
NEW ENERGY
NEW CONCEPT

現在，我們出門前總會先做好交通課表：

要坐公車？坐捷運？到哪裡轉車？還是騎公共自行車、步行？需要多少時間？

還是必須開車？那裡有停車位？

一趟下來花多少錢？

未來，隨著雲端技術的成熟、巨集數據運算能力的提升，智慧型運輸方案將即時的分析各種通行方式，還有越來越多的新能源運具供用路人選擇，並且提醒此行製造了多少碳排放？

隨著技術與能源的改變，請也更新對交通的概念，根據你的需求量身訂做的公共運輸更便利、更節能，擁有私人運具，落伍了。

01 聰明上路 掌握好行資訊

以公共運輸引導都市發展、創造優質的慢行環境，邁向永續、人本的綠色交通，新技術、新能源、新概念是重要推手。其中，串連公共運輸、道路資訊須透過資訊通信的技術，掌握即時、最新的路況，並且在票證的整合下，只要持一張卡就能到處通行，在公共運輸系統之間無縫接軌，提升使用率。

興建硬體建設雖是最直接促使公共運輸更為普遍的方式，而今台灣土地資源有限、財源籌措困難，以及考量環境保護的情況下，必須提升軟體服務。近十幾年來，各國均應用先進的技術——智慧型運輸系統（Intelligent Transportation Systems, 以下簡稱 ITS）來提昇交通運輸系統的經營管理效率與服務品質。

ITS 是結合資訊、通信、電子、控制及管理等技術運用於各種運輸軟硬體建設和服務，將人、車、路等三個次系統整合在一起，以改善運輸系統使用環境及減輕用路人使用壓力，期能提升運作效率、保障用路者安全、提供優質服務以及確保永續發展。

ITS 發展重點領域，包含先進交通管理服務（ATMS）、先進用路人資訊服務（ATIS）、先進公共運輸服務（APTS）、商車營運服務（CVOS）、電子收費服務（EPS）、緊急救援管理服務（EMS）、先進車輛控制及安全服務（AVCSS）、弱勢使用者保護服務（VIPS）及資訊管理服務（IMS）共九大服務領域。台灣發展 ITS 已超過 20 年，各項服務逐步發展過程中也累積了許多經驗。在愛台十二項建設中，以智慧台灣——建構智慧交通系統為願景，推動 2008~2011 年間的 ITS 建設計畫，目標希望透過電子收費、電子票證、都市聰明公車、交通服務 e 網通、都市智慧交通控制、公共運輸智慧化、高速公路整體路網之管理系統、省道即時路況等計畫，提供流暢的交通路網服務與無縫的公共運輸服務。

智慧型運輸系統

廣義的「智慧型運輸系統」（ITS, Intelligent Transportation System）不只是「系統建置（System）」更是應用智慧運輸方法來達到「永續發展（Sustainability）」的目標。過去 ITS 的應用侷限於交通控制、導航或公車到站資訊，事實上 ITS 的目標是運用 IT 技術讓社會國家達到永續發展（Intelligent Transportation for Sustainability），永續牽涉到環境永續、社會公平及經濟財務永續等三方面，我們應由更高的視野來詮釋 ITS。

很多國家訴求的 ITS 都有兩大主軸目標：提升交通安全與促進環境效益，在國際上提升「安全（safety）」已被視為交通最重要的一環，而且許多專家學者共同推動交通安全是基本人權，對於交通安全的保障就是一種基本人權的重視。包含美國、澳洲、歐盟各國及日本等國，自 2008 年起陸續對於交通安全的提升做了許多重要的宣誓，因此有 2010 年世界交通安全年的發起，其具體目標是希望全世界在 2020 年因車禍而死亡人數能夠減半。在歐洲、澳洲及日本等國家 ITS 發展策略均明確指出要充分利用 ITS 技術來協助達到此目標。

為推廣相關領域的技術，ITS 每年皆舉辦世界年會，2013 年於日本東京舉行第 20 屆的大會。（攝影／張學孔）

利用公車動態資訊系統，從容候車不著急

相信許多人早上都有趕車的經驗，匆忙梳洗，邁出家門奔向車站，氣喘吁吁的跑到站牌，加入一列長排的隊伍，神情緊繃的盯著路上車潮，就擔心錯過這班公車。過去曾有研究指出，如果候車者，在等候公車時不知道公車的確切到達時間，便會錯估自己已等候的時間：當實際僅等待三分鐘，會以為時間已經超過六分鐘，因而產生額外的焦慮及不耐。過去這樣的經歷在生活中不斷上演，使用公車通勤就像一場戰爭，儘管最後趕及上班時間，身心也疲憊不堪。

近年隨著智慧運輸技術的發展茁壯，「聰明公車」讓候車變得輕鬆。過去，智慧型運輸技術的應用侷限於路口紅綠燈之控制，讓駕駛人維持合理的速度就能一路暢通，不用等紅燈；事實上，智慧運輸也能讓公車更聰明、服務更可靠。交通部自 1994 年著手研發公車動態資訊系統，並於 2003 年起編列預算推動全台「聰明公車」計畫，執行時間至 2010 年 10 月，包含台北、新北、桃園、台中、嘉義、台南與高雄等 13 個縣市均已建置公車動態資訊系統，使得國內市區公車幾乎全數納入「聰明公車」服務範圍。如今，大家可以透過網站、電話語音、手機應用程式或站牌內的電子看板，輕易獲取公共運輸即時動態資訊。高雄市近來增設的轉運站，也提供公車動態資訊系統看板，方便民眾即時取得搭乘資訊。

此外，隨著衛星定位技術的演進，公車動態資訊系統讓民眾能更聰明的搭乘公車。以往遇到上下班時段公車總是擠滿乘客，因為不知道下一班車還要多久會來，往往縮腰收肚的努力擠上眼前的公車，以免錯過後又是得原地枯等。還有尖峰時段遇到相同路線的兩班公車，前面一班滿載了人，緊隨著的班車上卻還留有許多空位，隨著候車資訊被準確提供，這些情形都將得到改善。如此，民眾體驗良好的運輸環境，公車業者也能夠有效提升效率和服務品質、留住客源。

	1
2	3
4	5

1 隨著衛星定位技術的演進，公車動態資訊系統讓民眾搭乘公車更便利。（攝影／王雅湘）

2 透過手機查詢高雄市公車動態資訊。（攝影／王雅湘）

3 高雄市的公車站牌顯示公車預計到達的時間。（攝影／林佩穎）

4 台北市智慧型站牌顯示各路線的到達時間。（攝影／林佩穎）

5 巴黎的公車動態資訊看板。（攝影／張耘禎）

4-1 以資訊通信科技打造聰明公車系統

個人電腦上網查詢

智慧型手機

PDA手機

語音電話查詢

入口網頁設計

簡圖

資料交換平台

台北市公車動態資訊中控中心

報修平台

語音

公車報表

GIS

GPS

台北市公車

智慧型站牌

22路公車6分後抵達

資料來源：台北市公共運輸處網站

動態即時資訊系統，讓行車有效率又節能

過去由於交通資訊不夠清楚透明，難以掌握道路即時狀況，雖然有警察廣播電台等道路資訊交流平台提供資訊，但以人工方式更新道路資訊的方式仍舊有許多不足之處，常有用路人得知資訊時早已陷入壅塞中，造成旅運品質的下降以及時間、油耗等經濟層面的損失。

在德國柏林，政府與民間合作建立的交通資訊運具管理中心，由市政府所擁有，民間公司營運，該中心應用先進的偵測技術來蒐集即

時的交通車流特性，包括各道路車流大小和擁擠情況、可用的停車空間與突發交通事故，而對於道路或管線施工也能同步收集並分析處理，希望提供給各類用路人動態即時的交通資訊，和可能的替代路線與停車設施等資訊。另外，交通管理中心也提供其他加值服務，包含讓駕駛人能夠從網路上預訂停車位或提早告知事故資訊及車流情形，節省大家彎繞時間、能源消耗，以及有效提升路網的運作效率。

各國都市皆已逐漸建設完成類似柏林的交通資訊管理中心，同時能透過網際網路或簡訊等方式提供給使用者，不論在旅途開始前或進行中，用路人甚至可以擁有一份個人專屬的路線地圖，顯示各種交通工具到達目的地最快或最順暢的路線。台北市交通控制中心和高雄市的智慧運輸中心也都開始和世界同步，提供該地區道路之動態即時資訊，使得用路人均能掌握行程做智慧選擇。根據美國、日本實施經驗顯示，用路人即時資訊服務可節省旅程 12% 燃油消耗與 15% 旅行時間，也有助於交通安全的提升。

在智慧型運輸系統發展相當成熟的日本，對於道路事故的緊急救援應變措施已建立出一套標準處理程序，他們在道路事故發生時，會

1 | 2

1 高雄市道路即時路況上網亦可查詢。（攝影／王雅湘）

2 透過旗美即 10 通，可以得到國道 10 號的即時路況。（攝影／王雅湘）

4-2 「台北好行」道路即時資訊系統

（攝影 / 王雅湘、唐達言）

說明

提供大臺北地區交通即時資訊及旅程規劃功能的臺北好行，可依照
目前 GPS 所在位置提供最佳的行動規劃。

先辨識事故的型態並選擇事故排除的方式，同時將排除事故所需要
的時間和影響範圍通告週邊用路人，並提供替代路線的資訊，使交
通事故的影響降到最低。

大高雄智慧運輸走廊逐漸完備

台灣高、快速道路和省道近年陸續增設交通監測系統，除了主管機
關掌握最新的道路使用狀況，並能主動提供交通狀況給用路人。當
完善的道路動態資訊系統與車上衛星定位系統（GPS）導航設備結
合，車載資通訊系統[1]將不只能提供最短路徑的指引，更能即時更

---

[1] 所謂車載資通訊就是結合了「資訊」、「通訊」及「汽車電子」技術，滿足行車環境之各項
需求如便利、交通、溝通、娛樂、安全與商務等。車載資通訊包含車子本身、車與車之間、車
與路之間的智慧化。數位時代網站，2010。

新即將行經的路段上車流狀況及事故資訊，讓用路人提早因應路況調整應變。高雄市結合大高雄地區高快速公路與都會區平面道路資訊，建置「國道10號旗美文化觀光智慧運輸走廊」，未來還另闢三條產業園區智慧運輸走廊，提供路口影像、路段績效、資訊看板、旅行時間及替代道路等相關交通資訊。節省用路人穿梭於大高雄產業聚落旅行時間，有效紓解產業園區交通瓶頸。

此外，高雄市政府交通局設置於遠端的交控設備，除了可了解道路狀況外，透過此設備與消防局即時資訊交換，即時掌握土石流災情，在第一時間告知居民撤離或疏散，避免人員傷亡。

4-3 交通事故之道路資訊系統傳輸流程

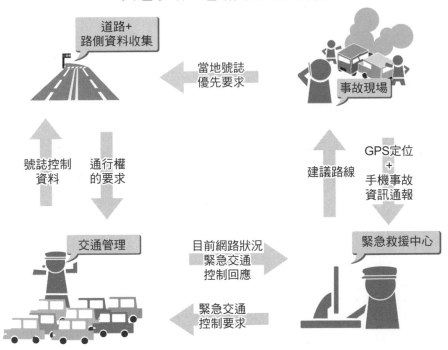

道路+
路側資料收集

當地號誌
優先要求

事故現場

號誌控制
資料

通行權
的要求

GPS定位
+
手機事故
資訊通報

建議路線

交通管理

目前網路狀況
緊急交通
控制回應

緊急救援中心

緊急交通
控制要求

參考來源：交通部運輸研究所，「台灣地區發展智慧型運輸系統（ITS）系統架構之研究」，2001。

智慧型交通控制系統，提升行車安全又減少耗能

全世界每年因車禍事件死亡的人數超過 130 萬人，引起各國關注，為了提醒更加關注交通安全，2010 年聯合國宣稱世界交通安全年，期望透過車輛技術、道路設計與管理、公共運輸推廣、智慧執法、駕駛行為等方面努力，致力減少車禍事故傷亡人數，並減輕車禍造成的傷亡與財物損失程度，具體目標希望在 2020 年全世界因車禍死亡人數能減半。此一行動象徵著交通發展所追求的目標從過去「速度的提升」轉變為「安全永續的旅運」。在以人為本與環境永續領航的現代，交通運輸不再一味地求快，亦開始重視安全與環境友善課題。

而車輛的暢行除了安全，也更多了對環境的關注，因為車輛走走停停、壅塞情況下能源消耗和排出的廢氣多，因此促使車流順暢確能提升行車燃油效率並降低車輛污染的排放。**根據歐盟的研究，良好的號誌連鎖使得車流順暢也可以節省 6% 至 8% 的能源消耗，並且讓道路使用者感受更平穩、安全的交通。**

國內電腦化交通號誌控制系統已行之有年，在台灣各都市的路口，多有配合尖離峰時段而變動的交通號誌停等時間，達到車流順暢目標。美國、歐洲以及日本的智慧型交通控制系統透過號誌優先與交控中心整合之功能，可減少一般車流在交叉路口停等時間，進而降低能源消耗及溫室氣體排放，計程車、貨車的營運成本亦能夠隨之降低；而路況輔助偵測、突發事件回報、優先穿越路口等功能，也能有效提升公共運輸整體效率與安全，進而提高乘客搭乘意願，也可帶來營收的增加，創造多贏。

電子票證整合，一卡在手便利出行

「你好，方便換個零錢嗎？」這可不是什麼搭訕開場白，在十多年前的台灣，常在候車或公車上聽到這樣的求救。過去台北市和高雄市公車為了付費的問題採取過不同的模式。1996 年台北市發行新台

幣 300 元、500 元兩種面額的磁卡車票。類似於過去的磁條電話卡，乘車前 / 後將磁卡插入公車前門投票箱旁的綠色驗票機裡，過幾秒鐘便會退出來，票卡背面便會印有餘額，卡片在便利商店購買，為用完即丟的儲值票證。高雄市則是以投幣，或以剪票方式付費。前者磁卡票證系統在許多國家仍然是公共運輸付費的方法，對於營運成本的降低和服務效率提升很有幫助；然而，由於刷卡時間長度過長，每次插卡含餘額列印仍需 4 秒，乘客上下車時間無法有效降低。

而隨著更多元的運具如捷運、通勤火車、高速鐵路以及公共自行車等發展，尤其公共運輸系統發達之都市地區，一趟旅程往往需要透過轉乘不同運具來完成，使用傳統現金及磁卡支付票證相當費時，也會降低民眾使用公共運輸系統的意願。在這樣的需求背景下，政府與民間業者均積極發展非接觸式的智慧卡，將運輸票證系統作有效率的整合。台北的悠遊卡就是在政府和客運業者、金融機構共同合作下所成功推動的非接觸式智慧卡票證系統。目前悠遊卡已發行超過 4,000 萬張，並由原本在台北公車、捷運、停車付費等功能同步擴展到渡輪、通勤鐵路、計程車、高速鐵路等多種公共運輸，並以由票證服務跨入小額付費的電子錢包功能。而高雄市的一卡通也可使用於高雄市的捷運、公車、公共自行車、渡輪，也能使用於其他縣市的客運及部分台鐵車站。

由於智慧卡電子票證系統，其透過無線感應傳輸完成交易，不需要任何機械動作，因而節省許多機器維護成本，並能降低交易行為失敗率，驗票速度更較過去儲值票卡系統提升 10 倍以上，可以大大降低旅客進出捷運匝門或上下公車的時間。有了智慧卡票證系統，對於各項公共運輸的轉乘優惠更容易實施，如捷運轉乘公車、公共自行車和捷運的整合，以及對於高齡、殘障乘客的優惠票價都能有效實施，公共運輸的無縫服務目標能夠達成。現在高雄和台北的智慧卡也都可以相容使用，南北民眾因而感受到更為優質的旅運服務。

使用電子票證轉乘，已是都市必然趨勢

在新加坡，政府推行以電子票證搭乘捷運、輕軌及公車之集點活動，透過使用電子票證搭乘公共運輸來累積點數賺取回饋金，採取離峰時段所累積的點數又高於尖峰時段點數的方式，期待藉此影響使用者旅運行為，提高公共運輸使用率並且分散尖峰時段的人潮。為了紓解尖峰時段的人潮，新加坡捷運網站還動態顯示在尖峰時段車站內人潮的影像，讓大眾一目瞭然。因為當乘客在非高峰時段如上午7：45搭乘捷運，不但可以較8：00以後乘車享受較優惠的票價和體驗良好的交通服務品質，並且可分散尖峰時段的旅客人數，兩者皆能受惠。

運具間的電子票證整合也讓交通費用的收取更為公平，當旅行距離相同，理應收取相等的費用，而公共運具間常發生的轉乘行為，更不應該加收額外的費用。在德國、英國以及其他許多歐洲都市，無論搭乘輕軌、地鐵或是市區公車，票價的訂定皆是以跨越的區域數為收費基準，在一定範圍和時間內，收取相同的票價，轉乘不用再付費；而在韓國首爾也同樣以旅運距離作為標準，9公里內轉搭任何公共運輸均為一次付費，超過9公里則再依里程累積付費，這些都是依賴智慧卡電子票證完成。

透過電子票證的整合，陸運、海運甚至空運均能暢行無阻。（攝影／林佩穎）

目前台灣雖尚未做到所有公共運具以里程計費，但隨著電子票證的廣泛使用，也陸續採取更多樣化之費率策略，像台北捷運轉乘公車提供半價折扣，台中市區公車前 8 公里免費，台南幹線公車前 8 公里也是實施免費，高雄市則以運具別提供優惠，如捷運轉乘公車和公共自行車也有優惠，近來高雄市公車也推出轉乘捷運便宜 6 元、刷卡轉車兩小時免費等。甚至是敬老愛心計程車也透過電子票證提供更好的社會福利，這些付費記錄存於智慧卡內被作為政府提供補貼的重要依據。

未來，透過電子票證的通用，讓整體公共運輸透過費率的整合更為容易，民眾也會感覺付費公平、方便而更願意搭乘公共運輸。

除了「一卡通」的智慧票證讓各個都市內的各類公共運輸服務的付費方式得以整合，近年來實施的「多卡通」政策也讓不同都市或單位的各類智慧卡能夠互通，目前有台北的「悠遊卡」、汽車客運業常用的「台灣通」、高雄捷運「一卡通」。悠遊卡和一卡通均可使用於台北、高雄的公車，也將通行在彼此的捷運系統上，而兩卡在高鐵與台鐵的通用方式也略有不同，但其目標是都能於高鐵、台鐵、公車通到底。

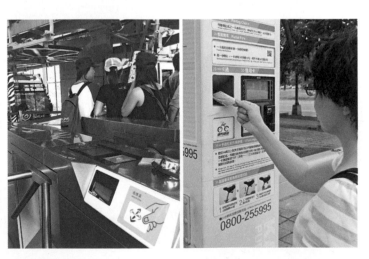

1 | 2

1 使用悠遊卡可以搭貓空纜車。（攝影／林佩穎）

2 高雄市公共自行車提供一卡通會員坐捷運轉騎自行車的優惠。（攝影／王雅湘）

4-4 悠遊卡適用範圍

悠遊卡

復康巴士

計程車

U-Bike

客運

公車
台北市　宜蘭縣
新北市　連江縣
基隆市　台南市
台中市　高雄市

渡輪

國內航空
復興航空
國內機票

台北捷運

停車場

醫院

觀光景點

圖書館

高鐵

台鐵

特約商店

4-5 一卡通適用範圍

一卡通

渡輪

台鐵

高雄捷運

北高公車

公共自行車

客運
基隆、大台北
桃竹苗、中部
南部

4-6 台灣通適用範圍

台灣通

公車
桃竹苗
中彰投

客運
桃竹苗
中彰投
宜花東

運用新能源
健康隨行

電動公車、天然氣公車、酒精公車、氫能公車、太陽能船等都屬於運用新能源的綠色運具,但礙於技術與成本的限制,包括基礎建設與技術效能的提升都還需要突破,以至於尚未普遍。為減少廢氣排放,維持都市的空氣品質的歐美國家,向來致力於新能源運用;目前在新能源運具的推動上,考量成本和效能導向,多以電動車為主。台灣則是氫能燃料電池技術領先全球,太陽能光電產業也走在全球的前端,但在價格及相關設施的普遍性上還待突破,也因此多數從公共運輸載具示範運行,均是由公部門帶頭主導。

低碳電動車:汽車、機車、公車、自行車

電動車早在 19 世紀就已開始發展,世界上第一部電動汽車是由英國的羅伯特戴維森(Robert Davidson)在西元 1873 年所造,這比第一部燃油汽車 1885 年問世早了 12 年。然而,電動車的發展卻因電池技術和成本高昂而停滯;直到石油危機以及環保意識的興起,各國大車廠才紛紛投入。而台灣電動汽車的發展則是在 1996 年台塑企業宣布投入電動車產業後,掀起了一波電動汽車的熱潮。

法蘭克福博覽會中展示低碳排的 BRT 公車。(攝影 / 莊元拔)

維也納舉辦的第 19 屆 ITS 世界年會中,展示最新的電動公車。(攝影 / 莊元拔)

由於電動車售價仍高,為了讓更多人使用,日本與法國推出 Autolib 自助租賃服務,以小汽車共享制度推動電動車的使用。電動車無法普遍的關鍵之一,是電池充電不方便。為進一步鼓勵大眾使用電動車,法國政府強制規定 2012 年後新建的辦公室跟住宅停車場必須配置電動車充電裝置,到 2015 年新建的辦公大樓停車場也必須配置電動車充電裝置。在德國司圖加特,因為地形起伏較大,政府推廣公共電動自行車,而其電力則來自太陽能。在日本,則是因應高齡化社會,發展出多樣化電動代步車。

積極補助電動機車減少空污

電動車在台灣除了電動汽車之外,還有電動機車,相較於歐美國家,台灣對電動機車的需求較高[2]。為了節能減碳,經濟部從 2009 年開始推動電動機車的政策,截至 2013 年初電動機車數為 17,000 多輛,為提升充電的方便性,截至 2012 年也已設置將近二千座的充電站,2013 年還會再增加 500 座。而機車密度極高的高雄市也積極推動補助電動機車,汰換二行程機車,截至 2012 年設籍高雄市的電動機車就有 6,000 輛,連同申請補助車輛汰舊換新兩項成果都是全台最高

---

2 電動機車海外市場機會分析,工研院產業經濟與趨勢發展中心,2009。

（詳見 Part5）。顯示在短期未能改變使用機車習慣的情況下力推電動公車，補助購買新能源機車也是減少油耗和空氣污染的新手段。

力推電動公車

至於電動公車也是容易推動新能源的載具，由於公車系統具有場站、路線、使用時間、駕駛環境皆較為確定的特性，相較於一般汽車與機車型式的低污染車輛，低污染新能源公車之推動較為單純，考量電動車之電池技術、續航力及充換電設備提供的相關條件，交通部已在交通方面的新能源應用定位於電動公車的推行，在公共運輸提升計畫中將市區電動公車及油電混合動力公車納入補助對象，預計10 年內將全台市區柴油公車全數汰換為電動公車。而高雄市已於2013 年成立全國第一支國道電動公車車隊，11 輛全新電動低地板公車服務於高鐵左營站至旗山轉運站，讓市民享受最先進的公車服務。

電動自行車屬於中長程綠色運具

台灣的自行車產業聞名全球，在車輛技術純熟與供應鏈完整的基礎下，發展綠色環保、低碳節能、操作簡便、經濟實惠的電動自行車相當具有競爭力，以累積超過 20 年的電動自行車發展經驗，暢銷歐洲、美洲與中國各處，形成另一股綠色革命的力量，尤其在新興國家更佔有一席之地。

隨著高齡化社會的來臨，電動自行車的慢速、操作簡單、省力便利的優點，貼近市場的需求，高齡者以電動自行車代步，就可以輕鬆出門購物與訪友，成為不開汽車的另一個新選擇。

目前，環保署為鼓勵低污染車輛之使用，若新購電動自行車與電動輔助自行車均可獲補助，高雄市在 2013 年 1 月到 10 月已有將近 1,700 輛獲補助，以電動自行車落實慢行環境，推動綠色交通。

4-7 世界各國交通運具之新能源政策

新能源政策	重點國家
節能減碳 政策宣示	美國、日本、韓國、歐盟（德國、法國、英國、瑞典、瑞士、西班牙） 日本（2050 年市占率達 50%）
電動車產業 發展宣示	西班牙（2014 年 100 萬輛電動車） 中國大陸（2012 年市占率 10%） 美國（2015 年 100 萬輛電動車） 德國（2020 年 100 萬輛電動車）
研發與環境 建構	英國（5 年 1 億英鎊發展電動車） 中國大陸（3 年 200 億人民幣投入十城千輛推動計畫） 美國（24 億美金電動機車研發計畫） 法國（22 億歐元 14 項推動計畫）
購車補助	英國（2011 年開始實施補助 5,000 美元） 日本（補助與燃料油車價差之 50%） 中國大陸（油電混合車 5 萬人民幣、純電動車 6 萬人民幣） 法國（購買 CO_2 排放低於 60g／km 以下者，補助 5,000 歐元）
租稅優惠	美國（減免所得稅，最高額度達 5,000 美元） 日本（免取得稅、重量稅） 英國（使用電動車免 5 年公司用汽車稅） 德國（電動車 5 年免牌照稅） 瑞士（電動車免牌照稅）

資料來源：華創車電技術中心

法蘭克福博覽會展示節能
車款，此為油電混合公車。
（攝影／莊元拔）

高雄市購買電動機車補助再加碼

為鼓勵更多二行程車主汰舊,高雄市政府環保局除了簡化汰舊程序,提供充電設施外,對於購買電動機車也特別加碼補助金。凡使用電池交換系統的電動機車車主,除了行政院環保署補助 1 萬元作為儲值充電之用,高雄市還透過訂定「高雄市新購電動機車參與電池交換系統補助要點草案」,凡符合設籍滿一年及新購車籍登記於高市之電動機車等相關規定,動支高雄市環境保護基金空氣污染防制費再加碼補助 12,500 元,提高民眾購買意願。

騎乘電動車可免加油、免稅金,維修又少,在創造購買的誘因,以及未來公共充電環境持續建置下,高雄市將積極邁向低污染車輛的使用環境。

高雄市業者設置之投幣式電動車充電設施。(攝影／王雅湘)

近期高雄市捷運沿線設有大型電動機車電池交換站。(攝影／王雅湘)

氫能源燃料電池，跑起來更潔淨

電動車的電池分為化學電池和物理電池兩大類，而化學電池屬於燃料電池的氫能源燃料電池，是利用空氣、氫氣結合生電，不必充電，能排出乾淨的水，是非常潔淨的能源。2008 年，德國柏林、中國北京及澳洲伯斯等 12 個城市，共 47 部公車參與歐盟氫能都市運輸計畫，進行氫能公車運輸之試驗評估與經驗累積。仰賴氫氣運作之燃料電池車，氫氣與空氣中的氧氣產生電化學反應，將化學能轉為電能以供應汽車發動，而其「副產品」僅是水氣跟熱氣，污染大大降低。

此低污染運具備受國際重視，而美國能源部國家再生能源實驗室亦從 2004 年展開正式測試計畫，由四大汽車製造廠以及三個能源合作伙伴參與計畫，在歷時七年的實境驗證，動用 183 輛車、行駛 50 萬次達 360 萬英里的里程，共使用 25 個氫燃料站，經 3.3 萬次加氣，使用 15.2 萬公斤的氫氣，結果顯示氫能車輛具有市場化的能力。

台灣的氫能燃料電池技術已領先全球，特別是在 2006 年便將燃料電池技術量產用於機車。當時已有 8 部燃料電池機車在屏東墾丁奔馳，進行全世界第一個燃料電池機車示範。示範計畫採抽換氫氣罐方式補充燃料，在墾丁的加油站、機車行、便利商店都可以更換。經濟部商標檢驗局也曾委託中華經濟研究院進行 30 輛燃料電池機車、12 萬公里的遠端監控，效果良好，證實這項便利、不用充電的燃料電池機車，將是台灣未來 10 年可以在全世界立足的先進技術。高雄市也曾於 2009 年世運會引進 20 部氫能公車負責場館間接駁任務，還因而於 2010 年榮獲全球能源獎空氣組首獎。另外，花蓮為推動低碳觀光，成功合作研發氫能燃料電動車，也將逐步替換電動車，作為觀光新運具。

近年來國際上低污染車輛技術日趨成熟，各國亦透過法案來促進低污染運具的發展。例如，1998 年日本修訂節省能源法，制訂「領航者計畫」，其中以汽車為例，假設目前市售所有汽車中，最佳燃油

效率為每公升汽油可跑 15 公里，則此計畫便以每公升可跑 15 公里作為基礎目標，要求廠商於製造車輛時，至少須達到目標，經過幾年會再重新設定領航者計畫目標。當廠商未達成計畫標準時，政府將會公告廠商名稱與該案例，並命令廠商提出有效方法來改善，若廠商持續未遵循命令，政府將限制廠商生產或進口的數量。

綠話題

太陽能船最迷人

除了路上車輛，渡輪及觀光海上巴士在台灣採用太陽能為動力的例子也不少，例如高雄愛河的太陽能船和南投日月潭的電動船都是具體成果。高雄市於 2010 年成立亞洲第一支太陽能船隊，2013 年預計將有 12 艘行駛在愛河上，在燃料費用上，第一代太陽能船每月每艘電費僅柴油愛之船的 1/3 費用，而第二代太陽能船則已全靠太陽能供電。

而行駛於日月潭的太陽能電動船「國益 2 號」供觀光遊憩使用，可連續航行約八小時，約可日月潭環湖 12 趟左右，其優點為無震動、無噪音、無臭味，讓旅客在遊湖的同時更加享受安靜且舒適的乘船環境。

1
2

1 日月潭遊湖也有無臭無噪音的太陽能船可搭乘。（攝影／林佩穎）
2 行駛於高雄市愛河的愛之船是國內第一支太陽能船隊。（攝影／林佩穎）

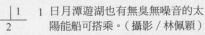

03 新概念擘劃交通藍圖

過去交通單位多重視運輸系統管理（TSM，Transportation System Management），也就是從供給面來增加效率、減緩交通問題，而為了更積極、有效的解決交通困境，世界各國已逐漸轉變作法，採以運輸需求管理（TDM，TransportationDemandManagement），從需求面來減緩對交通系統等的衝擊。

運輸需求管理，是以「減少運輸需求」與「分散運輸需求」來思考，如利用通訊技術可以不必出門工作、購物，或是政府 e 化減少民眾洽公往返，而鼓勵公共運輸、停車管理和收費、汽車和計程車共乘、高乘載車輛優先，收取擁擠費來改變路線、出發時間、甚至運具，都可以分散和減少運輸需求和「車」流量。

在都市活動不斷增加之際，從需求面的新概念應用創新作法來減緩對道路交通、生活環境及整個運輸系統所產生之衝擊，是必要作為。

國際經驗分享 −1：稅費制度是必要工具

未來二十年，世界新增人口絕大部份會落在開發中與未開發國家，人口急遽增加必然帶來沉重的交通負擔，因此，都市化與機動力需求的管理將成為都市的最大挑戰。尤其在目前公共運輸使用率僅15%的台灣，想要在 2025 年倍增至 30%，大幅的改變民眾旅運習慣，必須靠「鞭子與胡蘿蔔」推拉力量。其中吸引著驢子前進的胡蘿蔔，正是可靠的公車資訊、整合的電子票證以及方便的轉乘服務；而在

---

[3] 外部成本內部化：對於環境或社會具有負面影響資訊，納入其經濟決策中，使其服務的提供或使用不至於低估成本而過量。

後推進的鞭子，指的便是合理的稅費制度。

我們使用各種交通工具除了付出實質費用和時間外，還包括肇事、擁擠、噪音以及空氣污染等外部成本。以外部成本內部化[3]後的成本角度來看，台灣都市的機車及小汽車使用者皆未付出其應負擔的社會成本。其中機車使用者僅付出其應付成本的四成，而汽車使用者也僅付出了約六成，如此錯覺下的「低成本」，造成使用者選擇交通工具時產生錯誤的判斷。另外，台灣目前的道路收費仍然限於高速公路上，其實，就使用者付費的角度來看，所有行駛於道路上的運具，皆應該負擔其使用費用。透過外部成本內部化方式，計算出合理的稅費票價，應用擁擠費、碳稅等制度的實施，讓運具使用者公平支付其應付出的代價。

在台灣有近半數的運輸需求是透過騎乘機車來完成（交通部統計處2012），近年政府及社會在追求綠色交通的觀念下，也積極正視並檢討因為機車的行駛特性而引發的環境污染與道路安全問題，期望能以道路設計與車道配置引導合理駕車行為，並同時透過交通法規、停車管理及明確路權來減緩機車數目的成長。

我們周邊國家在過去 30 年也面臨都市機車管理的嚴峻考驗，但其採取的策略和方法並不盡相同。在中國的都市，早在 20 年前開始，經行車秩序和安全的考量，主要的大都市幾乎都採取市區禁止機車的政策；而東南亞如泰國、越南、印尼、菲律賓在早期並無具體管理措施，加上天候和經濟條件而使得機車成為這些國家都市的主要交通工具，甚至演變成提供個人載客服務的非典型公共運輸。近年來則思考機車在安全、噪音、污染方面的外部社會成本，並在建設捷運、輕軌和 BRT 後開始採取若干機車管理措施，包括將機車特性融入道路規劃設計、交通管制上利用號誌經汽機車分流、機車停車管理和付費措施、鼓勵機車轉乘公共運輸等。

要求機車付費，應先提供替代的公共運輸

對於機車的使用，中華民國機車黨董建一認為：人皆有自由選擇運具的權利，應當依照自身的時間、金錢等價值，選擇合適的交通運具，認為政府不應對於機車的使用加以限制。的確，我們擁有自由的選擇權，但有兩項重要論點需納入考量，一、表面的便宜成本：在都市地區機車使用者平時每天付出的成本，僅達到其應該付出代價的 40%，由於諸多政策與措施長期忽視安全、環境等外部成本，使得機車使用者錯誤認為很便宜，進而選擇使用機車作為通勤、通學或從事社會經濟活動的主要交通運具。二、沒有更好的選擇：除了前述機車使用者選擇自己認知付費較低的運具外，還有一個因素就是沒有更佳的其他選擇（如公共運輸服務差、小汽車負擔不起、騎自行車又很慢沒保障），使得台灣機車數量，隨著民眾機動化基本行的需要，而「被迫」形成現在的規模。過去三十多年，不管是中央和地方政府忽視基本民眾行的需求、偏頗的只重視小汽車所需的相關道路設施，而不顧及人民經濟能力提升後的出行要求，造成民眾選擇機車做為基本運具，因而許多機車騎士喪命，而大量機車廢氣又在巷道中直接危害公共健康，令社會承受巨大損失，這些生命和環境損失在就是機車騎士在購買機車、使用機車時無法感受而未付出的代價。

瑞典斯德哥爾摩按照擁塞程度收費

在瑞典斯德哥爾摩，交通擁擠費的推動於 2005 年試辦、2006 年 9 月公民投票通過後，於 2008 年 1 月開始實施。藉助都市的智慧交通系統，政府按照道路不同擁塞程度向使用者收取費用。政策推行兩年後，斯德哥爾摩的交通擁塞狀況減輕 18%，同時帶來公共運輸使用率的大幅上升，整個都市的二氧化碳量降低 14~18%，獲得歐盟委員會評選為首座「歐洲綠色首都」的殊榮。

英國倫敦收取擁擠費來提升運輸品質

英國首都倫敦首任民選市長肯‧利文斯通（Ken Livingstone），在1999年參選時，提出「徵收道路使用費以及工作場所停車費」政策，選舉結果贏得倫敦民眾的肯定，可見民眾希望降低交通擁擠和擁有更完善公共運輸服務。在此道路擁擠費措施中，當已註冊的車輛進入收費區域內時，系統便會存取憑證並且拍攝車牌影像；之後再由民眾透過網路、電話、簡訊、郵寄或至零售商店支付五英鎊票價（現已提高至八英鎊）。這項來自於道路使用者的額外收入，政府也全數回饋用於下列市政建設：

一、規劃生活機能健全的鄰里環境，

二、提供舒適的人行空間以及設置自行車專用道，

三、改善公共運輸設施與提升整體綠色交通品質，

四、維護平整路面、養護橋梁、更新道路資訊系統，提升行車環境的品質。也就是說，在良好的設計下，這些由道路使用者所付出的金錢，其帶來的效益會將再次回到自己身上；對於公共運輸而言，提升的綠色交通服務環境亦可視為對乘客的實質獎勵。

英國倫敦的道路使用收費政策推行12個月後，過去倫敦的交通平均時速度僅15公里的情況獲得了顯著的改善，而進入收費區的交通量大幅減少，約有5,000人不再前往倫敦市中心，就在他們自家附近完成購物和商務活動。而市中心區私人機動運具的使用率也降低了20%，其中15%移轉至公共運輸，5%則以步行或自行車完成旅次目的。整體收費區域內的擁塞情況降低30%，更大幅降低公車和付費進入市區車輛的旅行時間並提升路網的可靠度，創造了多贏的行車環境。

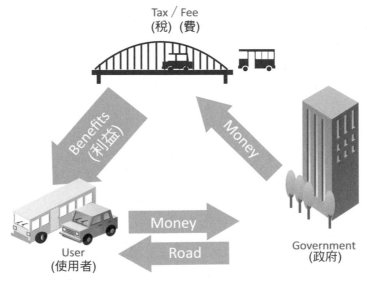

4-8 擁擠費、碳稅的金錢流

Tax / Fee
(稅) (費)

Benefits
(利益)

Money

Money

Road

User
(使用者)

Government
(政府)

說明

道路使用者繳交稅費予政府，政府將此經費用於地方道路、橋樑之建設與維修、公共運輸服務與交通環境品質的提升，使各種道路使用者能體驗更友善的交通環境。

新加坡動態調整道路擁擠費

在地狹人稠的新加坡，其政府除了實施強制總量管制小汽車持有政策，更推動道路使用費來管理小汽車的使用。政府為控制尖峰時段車流量，在 1975~1997 年強制實行區域許可計畫（Area Licensing Scheme. ALS），對於進出市區之車輛進行收費。民眾在固定時段內進出中心地區時，須支付一次固定價格的費用。在此期間新加坡市中心的交通量減少 45%，行車平均速度自每小時 11 公里提升至 21 公里，並且降低 25% 的交通事故。

到了 1998 年，新加坡政府更改採行電子道路收費系統（Electronic Road Pricing.ERP）。由於將道路收費改以自動化電子收費技術，因而其收費價格可依交通量及離尖峰時段而彈性調整，避免過去因等待較低價格時段而積聚在尖峰時段前後的交通量；然而其公共運具

之收費相對便宜，也鼓勵了民眾搭乘，有 65% 通勤者使用公車、輕軌、捷運等公共運輸，相較以往提升 20%，整體交通量減少了，道路行車平均速度也自每小時 30 公里提升至 40 公里，創造雙贏的運輸環境。新加坡陸路交通局（LTA）更每三個月檢討費率乙次，當績效顯示因收費太高而使道路使用率偏低，則會將通行費調降；反之，若收費偏低而致使道路過於擁擠，則會提高費用來減緩道路使用量，換言之，新加坡政府充分運用道路擁擠費的調整，使得道路和公共運輸發揮整體的服務效率。

以上為其他國家都市為綠色交通環境所推動的改革，這些措施帶來交通行為的改變，是需要時間的。猶記得台北市剛開始推動垃圾費隨袋徵收、資源分類回收的日子，經歷過大加撻伐的過渡期，然而現在垃圾回收率高達 45%，已明顯超越美國、英國、日本、法國等先進國家。即使不是身在垃圾袋不收費的城市，很多市民也已經習慣將物品分類回收。

國際經驗分享 -2：交通減量從共享做起

因此，我們試著從每天做「交通減量和回收」的檢視，將一天的行程詳細記下，檢視有哪些行動可以用走路以及自行車完成？哪些行動適合改以公共運輸系統完成？**而使用私有運具所需收取的道路使用費、擁擠費、碳稅等，就像是隨袋徵收的垃圾費，將幫助加速此項回收活動的落實。而這些稅費不會憑空消失，而是經由政府轉回投資在當地的綠色交通環境上，提供更舒適順暢的慢行環境和公共運輸服務。透過合理的交通稅費制度及全民生活行動的推動，車流量因習慣改變而逐漸減少，道路擁擠、空氣污染等都市交通問題逐漸降低，民眾逐步養成使用慢行交通、公共運輸的習慣，成為新型態的交通模式。**

共享汽車改變了擁有者轉為使用者的角色

過去房屋廣告主打配置車位，然而隨著公共運輸發展漸趨完善，國外許多都市建築在規劃設計時開始減少甚或取消建築內的停車空間，改以建築環境鄰近擁有捷運、輕軌等公共運輸系統作為賣點。

在繁榮的美國紐約市區，因為當地有著良好的公共運輸系統，人們幾乎都不買車，市區內開車上班的每日不到 6%，而進入曼哈頓市中心區上班的民眾開車的也僅有 16%，其他全是利用捷運、公車、走路的綠色方式上下班。而過去流行於美國大學生畢業後第二的夢想是買車，在三十年後的現在也被智慧型手機所取代——需要用車時用手機蒐尋附近提供車輛租借服務的地方。這些轉變都代表對小汽車的態度從過去的「擁有」漸漸轉為「聰明使用」，我們不需要為了短暫使用而買輛小汽車，當有需求時在短時間內即可「找到」小汽車，這些提供大家能夠共享的小汽車就像「公共自行車」一樣。共享概念，這個想法已經在歐美很多都市實施多年了，美國 Zip Car 就是全球最大的小汽車共享公司。

台灣從共乘開始，往共享邁進

反觀台灣，路上的小汽車和機車大部分僅一人使用，而一輛車平均 90% 的時間是停放於路邊、車庫或停車場——我們可以明顯發現自己擁有小汽車在時間與空間上的浪費。車輛的使用率應該從「多人」及「多時段」兩個角度被提升，當一輛車在同一時段被多人使用，便是共乘；而一輛車在不同的時段被多次使用，則是共享，公共自行車也是大家熟悉共享的理念。無論是共乘或共享都蘊含著一個概念——讓小汽車充分發揮它的功能。

共乘的概念在台灣早已被接受，例如親友們約好返鄉共乘以及計程車的共乘，又如 2008 年由五縣市政府共同合作提供的「桃北北宜基共乘網」中，除了提供自用小汽車共乘資訊媒合，也結合紀錄、戶政、警政系統雙重檢察等功能，以保護共乘安全。未來，共享汽車、

共享機車將可能為趨勢，對於汽機車的使用強調彈性且客製化的「使用權」，但卻未必擁有「所有權」，才是最有效率也最綠色的運用。

德國不萊梅多元的共享車款

德國北部的海港不萊梅市（Bremen）是備受國際肯定的共享模範都市，該市擁有 55 萬居民，其中以步行、自行車和電車、巴士等公共運輸上下班約占 60%。提供小汽車共享服務的坎比奧公司（Cambio）早在 1990 年就在不萊梅市設置 42 處的汽車共享站點，提供眾多交通工具選擇，包括一般小客車、箱型車與迷你巴士。費率計算除依據車型外，還同時採計時與計程制，以彈性的費率鼓勵民眾減少擁有自己的車輛，而是透過汽車共享選用適合自己的車款，滿足出門的需要。如今，不萊梅共享汽車服務已擁有超過 6,000 名顧客，提供 160 部各類車型的共享車隊，這已經成功的取代 1,000 至 1,500 輛的私人汽車。若與興建可容納 1,000 輛私人汽車的地下停車場相比較，汽車共享服務至少節省 6 億至 8 億台幣的建設經費。而汽車共享的付費方式結合公共運輸系統與智慧卡票證服務，僅需要在使用車輛時將智慧票卡與車窗上設備相互感應，便可完成租、退車及付款服務。

法國巴黎共享車擁有智慧型資訊設備

共享概念亦可和低污染車輛結合，法國巴黎市政府與民間共同合作在 2011 年底共同推出 Autolib 計畫，這是全球第一個公共電動汽車共享系統，在巴黎部署 3,000 輛電動四人座小汽車 BlueCar，並在市區與郊區設立 1,000 個停車充電站，方便全巴黎市民以及遊客使用。BlueCar 花 4 小時充飽電池後可以行駛 250 公里。租用期很彈性，可分為一年、一星期及單日，以簽約一年的方案來看，會員月費約 500 元台幣（12 歐元），短期計時的使用費則以第一個半小時 200 元台幣（5 歐元），第二個半小時 160 台幣（4 歐元），之後每半小時 240 台幣（6 歐元），來鼓勵使用者做短期使用，費率相較於當地計程車便宜許多。巴黎市政府更合理提供路邊和路外停車空間供共享

電動車優先使用，公私部門合作共同推動綠色交通系統。

BlueCar 車上裝備有先進的智慧型車載資通訊設備，除以影片方式介紹各項設備的使用外，亦顯示車輛周遭的交通資訊，顯示全市共享電動車站的位置，並可隨時連線與行控中心聯絡取得協助。至今，在停車費用高漲的法國，電動車共享計畫可說相當成功：隨時有超過 1,000 輛電動車行駛在巴黎街上，每天服務 14,000 位使用者。BlueCar 共享小汽車的出現，讓放棄購買、擁有自用車輛的民眾仍可以享有小汽車的機動性，而近乎零污染的電動車，更使巴黎的綠色交通獨傲全球。

1	2	1 巴黎於 2011 年推出全球第一個公共電動汽車共享系統。（攝影／張耘禎）
	3	2 公共電動汽車持票卡隔車窗感應，即可開鎖。（攝影／張耘禎）
		3 巴黎電動車服務機操作簡便。（攝影／張耘禎）

新加坡共享方式提供企業靈活運用

小汽車共享能夠弭平「公共」與「私人」運輸模式之間的落差，使民眾思考交通工具的合理使用方式，實現不需購車亦能享有小汽車的功能。就連公共運輸服務使用率已高達 68% 的新加坡也於 2007 年開始實施小汽車共享服務。其小汽車共享為全年無休的自助服務，在辦公區、住宅區以及捷運車站，均可以看見汽車共享的服務。採用會員登記方式，在經過相關條件審查後即能夠享受快捷、簡單的共享小汽車租借。對於需要使用小汽車的企業來說，小汽車共享能夠減少交通開支達到更好資源運用。共享小汽車在新加坡成功的提供下列服務：一、祖父母在上、下午接送孫女兒上下學；二、開會專業人士，因資料太多，搭公車、捷運不方便；三、每週有幾天需要跑好幾個地方的業務人員，受業主鼓勵運用共享小汽車計畫。小汽車共享提供給使用率較低的個人不必買車、養車的智慧選擇，對於小汽車使用頻率高的家庭，共享服務省去第二台車之購買，這也是美國紐澤西州共享小汽車示範計畫想要達到的目標。

有預約才發車，動態提供客製化運輸服務

台灣偏遠地區的公共運輸服務近年面臨虧損補貼、服務績效不彰等問題。**需求反應式運輸服務（Demand Responsive Transit Service, DRTS）打破傳統「業者提供固定服務班次、供民眾選擇搭乘方式」，此種供給導向的公共運輸設計，轉變為以需求為導向的服務方式，「民眾提出預約或申請，業者才發班車」，將固定路線、固定班次的服務轉化為客製化的公共運輸服務。**

DRTS 可視為介於傳統公車與計程車兩種運具之間、有各種固定或非固定路線與班表的準公共運輸服務系統。從行銷的觀點，DRTS是一種典型的服務創新，提供使用者更精緻、量身訂作的運送服務，乘客參與決定起點、迄點、搭乘時間。對傳統公車與客運業者而言，

是從低價、標準化的大量製造走向中價位、大量客製化的服務。對於原來就已提供客製化服務的計程車業者而言，則是從小量、高價走向大量而平價的客製化服務。

需求反應式運輸系統在國外已有超過 30 年的發展經驗，早期主要運用於滿足弱勢族群與特定使用者的運輸需求，近期開始結合通信與資訊技術的發展，嘗試擴大運用在改良傳統公車與計程車的缺點，提供更高品質、更有競爭力的公共運輸服務，使公共運輸能因需求而提出適當的服務，讓公共運輸達到具有私人運具的方便性。

高雄市近年來針對弱勢族群以及偏遠地區提供了復康巴士、無障礙計程車以及電梯公車，復康巴士以預約方式提供身心障礙者搭乘，而剛成軍的無障礙計程車隊，除了彌補復康巴士的不足外，其提供

1 │ 2
　│───
　│ 3

1 太陽能站牌下方按下叫車鈕，行駛中的公車將迅速趕到叫車站牌，是高雄市近期為滿足偏遠地區試辦的電梯公車。（攝影／王雅湘）

2 由臺灣大學先進公共運輸研究中心開發的雲端計程車系統，利用智慧型手機程式，具有即時提供叫車服務等功能。（攝影／唐達言）

3 雲端計程車系統透拓雲端技術提供創新服務，帶動計程車與小眾運輸整體產業之成長。（攝影／唐達言）

全天 24 小時預約服務,期望達成無縫就醫的目標,而納入高雄市觀光車隊,對於家裡有不便於行的老人或身障團體,都可闔家或攜伴同遊,發揮就醫及觀光的全方位服務。近日還有才開始試辦的電梯公車,搭車民眾在站牌後按鈕,透過電梯式公車資訊系統,也是由公車動態資訊系統接收後,發送給行駛中的公車接收器通知接駁,以較高品質和效率提供彎曲道路多、載客率低區域的公共運輸服務。

很厲害的個人交通選擇資訊,省時又節能

未來,每日醒來迎接著我們的將會是像這樣一則資訊:「現在時間上午 7 點 15 分,預計 8 點 15 分前往公司,有五種交通方式選擇。」接著系統列出五種選項,每一種選項中除了顯示不同運具種類的組合與應前往候車的時刻,同時更預測出旅程所需要的旅運時間、票價以及整趟旅程的能源消耗和碳排放量。而使用者則依據自身的時間與價值、所需費用、運具偏好甚或當日天氣狀況做旅運方式的選擇。當突發事故產生時,系統也能夠即時應對,透過車載資訊系統或行動通訊設備,向使用者提供事故資訊,而系統也會立即評估將對本旅次造成多少的延誤時間,同時在必要時提供使用者其他方案,例如改道將節省多少時間,不改道會比預計時間延後多少,讓旅行者能聰明的選擇方案。對於通勤的人來說,或許不能改變目的地,但可以改變路徑或運具;而對於赴朋友約會的人來說,或許能先打個電話,避開人潮、改約其他地點。此外系統也可以結合停車預約資訊引導大家不用浪費找尋停車位的時間,可以減少時間損失以及不必要的油耗與污染排放。根據日本研究,動態導航指引路徑可以較靜態導航節省 20% 以上旅行時間和節省燃油 10% 之消耗,效果十分顯著。

由歐洲都市的成功案例顯示,多元的公共運輸和慢行交通構成最理想的綠色交通環境,民眾的生活機能在社區步行範圍內就可滿足,而對於中程距離的交通需求則依賴自行車或地方的小巴公共運輸服

務，長距離的交通需求則仰賴鐵路系統來解決。從規劃生活機能健全的社區、舒適的步行及騎乘自行車的慢行環境，以及提供便利的公共運輸系統，都是邁向綠色交通的重要作法。

來一趟有智慧的低碳之旅

在十年內，當駕駛坐上小汽車發動汽車引擎，只需輸入目的地，車載上電腦螢幕便會顯示各種前往方式的動態資訊，並且透過衛星導航系統告知附近是否有人能夠共乘，以及其他使用的交通運輸方式。同時，透過衛星定位與雲端運算技術，系統也以即時路況來評估此趟旅程將產生之二氧化碳排放量、能源消耗量以及行車安全風險等，並顯示在此時段下，各種方式旅運所須付出的油費、票價、擁擠費、碳稅等。接著系統將等待駕駛在透明資訊下作出聰明決定，而若決定放棄自行開車，系統亦將提供鄰近的共乘指引或獎勵性質的公共運輸票價優惠。如果駕駛仍然堅持自己開車，則因他們已負擔油資、擠擠費與碳稅等應付出的代價，並且根據系統提示行駛智慧路徑，亦不失為一種綠色的交通方式。

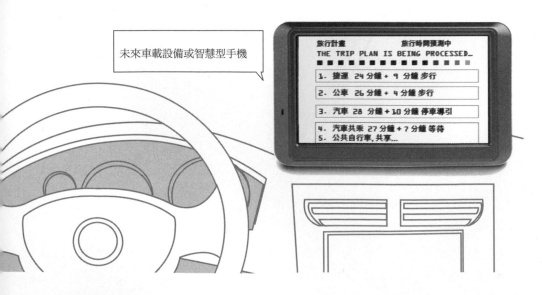

未來車載設備或智慧型手機

旅行計畫　　　　　　　旅行時間預測中
THE TRIP PLAN IS BEING PROCESSED_

1. 捷運 24 分鐘 + 9 分鐘 步行
2. 公車 26 分鐘 + 4 分鐘 步行
3. 汽車 28 分鐘 + 10 分鐘 停車導引
4. 汽車共乘 27 分鐘 + 7 分鐘 等待
5. 公共自行車，共享....

4-9 各項通行組合花費時間、金錢與碳排放之比較圖

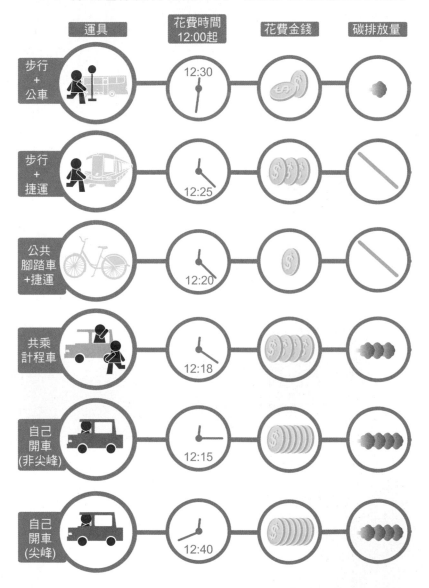

新科技、新能源、新概念將協助我們打造多元整合的綠色交通方式，
人們在動態即時的行車和付費資訊下，可以做出最聰明的低碳之旅。

台灣在新技術之應用上已有多項領先其他國家，例如聰明公車讓大家對於到站資訊能夠準確掌握，進而信賴公車優質的服務；智慧卡通用票證系統使得一卡在手，全台灣所有公共運輸和停車均能暢行無阻；而高速公路電子收費大幅減少使用者通過收費站的時間，並能公平收費、提高整體效率。目前逐步完成的公路客運、國道客運以及遊覽車動態資訊系統，更能讓大家掌握各車輛動態資訊、行車安全狀態，又能同步瞭解省油低排放的駕駛行為，這些成果結合台灣的資訊通訊產業即能技術輸出、創造產業效益，並能協助其他開發中國家共創低碳綠色交通城市。

綠話題

提供公共運輸、小汽車共享服務
日月潭推低碳旅遊

公共電動車內的智慧車載電腦提供豐富的旅遊資訊。（攝影／張耘禎）

隨著國道六號通車，縮短台中到日月潭的行車時間，相對地也帶來更多私人汽車，造成交通擁塞與碳排放等環境負擔，對日月潭的旅遊品質形成負面影響。為此，交通部與經濟部等部會結合資源，推出「高鐵臺中站－日月潭」接駁服務，並且推廣停車換乘旅遊「Park & Travel」概念，鼓勵民眾將小汽車停在日月潭風景區外，以電動環湖公車或共享電動小汽車，享受日月潭美麗的好山好水。

此服務結合「創新整合 innovation」、「智慧隨行 intelligence」、「趣味慢遊 interest」的 i3 整合創新思維和具體計畫，讓遊客能透過無縫旅運，愛上

旅遊也愛上日月潭。不用擔心在日月潭沒有交通工具可以遊玩，經濟部於 2013 年 4 月正式啟動「日月潭國家風景區智慧電動車先導運行專案」，推動 48 輛綠能環保車輛，搭配日月潭電子旅遊套票，套票整合車輛共享、電動巴士、電動纜車、電動船、電動機車及自行車等，實現電動載具環潭、無縫轉乘之創舉。

民眾在日月潭旅遊時，可享受以分計費、隨租隨還之車輛共享服務，並透過智慧車載電腦提供旅遊加值服務，讓民眾享受低碳、智慧的旅遊體驗。在旅遊資訊的查詢上，i³ Travel 愛上旅遊計畫突破傳統服務在時間、場站及資訊內容上限制，提供 24 小時專線服務。日月潭國家風景區亦建置交通與旅遊資訊雲平台，透過近場通訊與二維條碼技術，讓遊客可以透過智慧型手機上的 NFC（Near Field Communication，近場通信）或 QR-Code（Quick Response Code，QR 碼，快速響應矩陣碼）功能，經由網路連接至「交通與旅遊資訊雲」，隨時隨地取得最新的交通與旅遊訊息。

日月潭綠色交通環境，足見台灣發展綠色觀光是具前瞻性以及可行性，就未來的發展面上，可根據各種綠色運具及遊客的旅運特性，依照需求分布的時間與地點，做更為細緻的行程搭配，透過管制與宣導，有效降低私有運具的使用量，以促進綠色交通和綠色觀光產業的發展。

1 ｜ 2

1 日月潭推出車輛共享服務等低碳旅遊，紓解擁擠的車潮。（攝影／林佩穎）
2 公共電動車的充電設備。（攝影／張耘禎）

PART.

05

GREEN TRANSPORT

台灣實踐・高雄經驗

TAIWAN APPLICATION
KAOHSIUNG EXPERIENCE

台灣正有許多都市從追求低碳永續家園相繼投入綠色交
通環境的建構，致力於公共運輸服務的提升，發展 LRT、
BRT、新能源的運具，提高民眾搭乘公共運輸的意願。並
建置公共自行車，增設租賃站、闢建自行車道，推廣無車
日的活動，以單車、步行感受都市空間，取代私人運具的
使用，從觀念改變交通行為。

而南台灣的高雄也在捷運帶動下，建置便捷且站點多的公
共自行車系統，以及全台第一條輕軌動工、在替代能源運
具的推廣成效上，是擁有最多電動機車的城市，……，一
步步構築綠色交通的美麗藍圖。

01 推動綠色交通，低碳永續的具體實踐

前面闡述了許多國外宜居城市的案例及其公共運輸的發展、慢行環境的政策、作法，在台灣許多都市在低碳永續家園的目標下也進行著建構公共運輸、打造自行車環境、推動無車日，回應綠色交通的趨勢理念。

2009 年第三次「全國能源會議」台灣宣示朝「低碳家園」邁進。在政府主導的「低碳永續家園」願景下，針對綠色交通提出「提升公共運輸使用率」、「自行車租賃用系統」、「推動無車日」、「電動車」等具體策略，並在都市中展開示範計畫，從中央到地方政府也跟著動起來。

5-1 低碳永續家園之綠色交通策略

1. 提升公共運輸使用率
2. 自行車租用系統
3. 推行汽車共乘制
4. 推廣新能源車系統
5. 規劃低碳運具專用停車格
6. 推動自行車與人行徒步區
7. 推動無車日
8. 推動慢速道路電動導覽車及農用車
9. 建構友善的自行車路網與相關設施
10. 強化公共運輸與自行車整合使用環境
11. 推廣替代能源運具之使用
12. 發展替代性燃料車輛
13. 完整街道計畫
14. 綠色運輸教育與宣導
15. 推廣油電混合計程車
16. 推廣電動機車電池交換系統
17. 推廣電池交換型電動公車
18. 試辦電池交換型導覽車上路專案
19. 推動果菜市場車輛電動化
20. 推動公務車輛電動化
21. 推動租賃車輛電動化
22. 推動電動大巴士和中巴車
23. 推動公共運輸費率優惠

資料來源：行政院環保署低碳永續家園資訊網（http://lcss.epa.gov.tw/）

公共運輸多元整合，以符合民眾行的需求

全台灣面積 36,000 平方公里，總人口 2,300 萬人中有 94% 居住在土地面積僅佔 20% 的西部走廊上，高速鐵路建設使西部形成一日生活圈「都會帶」，因此整個都會帶的綠色運輸發展目標為「以高鐵／台鐵為經、以捷運／市區和公路客運為緯，創造西部走廊高快速公共運輸系統」。這個發展目標著眼的不只有高鐵本身而已，而是放眼多元整合的運輸系統，所以高鐵、台鐵和公路客運絕對是密切合作互補的關係，高鐵負責中長途快速運輸，而台鐵主要提供中短途服務，並具有通勤鐵路功能，而公路客運的接駁功能更為廣大。在各都市中則賴地方的公共汽車、快速巴士、輕軌電車和捷運等交通工具，進行路網、營運、票價和資訊整合。這樣無縫的高快速公共運輸系統才有機會吸引更多人使用，真正落實綠色交通。

因此，交通部門積極投入建設高鐵、台鐵和都會捷運的同時，也思考各地公路客運之必要，同步推動公路公共運輸發展和提升計畫，除了強化各個公共運輸系統的服務與智慧卡票證整合，也透過購買新車、補貼虧損等方式提供各地基本民眾通行的需要。

扮演中長途運輸角色的高鐵，快速便捷，使台灣西部成為一日生活圈。（攝影／林佩穎）

5-2 歷年推動之公路公共運輸發展計畫

時間	計畫	重點
1996—2000	促進大眾運輸發展方案	針對公共汽車客運業、離島船舶運送業為對象,擬訂五年促進大眾運輸發展計畫,期能改善大眾運輸之內部及外部環境。
2001—2004	振興公路大眾運輸發展計畫	延續促進大眾運輸發展方案,強化市區公車與公路客運之服務。
2003—2007	e化交通	・結合智慧運輸之科技應用以提升公路和市區客運的服務品質。 ・推動國家型發展重點計畫,建置e化交通—聰明公車系統。
2010—2012	公路公共運輸發展計畫	・提供偏遠地區虧損路線足額補助,維持基本民行。 ・推動電子票證整合,補助建置多卡通驗票機。 ・改善中南部車輛品質,提高購置全新車輛補助比例。 ・強化接駁網路,核定主題型計畫輔導地方政府整併既有資源,並依幹、支線特性,發展合理營運模式。 ・輔導地方政府辦理公共運輸規劃,研訂「中小型都市公共運輸發展手冊」,做為計畫研擬之依據。 ・改善計程車產業經營環境,推動計程車公務化、定點化叫車、廣設計程車招呼站等措施。
2010	成立綠運輸推動小組	・推動軌道運輸、智慧型運輸系統,建構台灣為自行車低碳島。 ・推展低碳節能運輸,持續發展「公共運輸」,改善公共運輸接駁和自行車系統的綠色交通環境, ・提供無縫服務,提高公共運輸使用率。 ・合理反映各類運輸方式能源成本,提高能源使用效率,落實永續運輸理念。 ・強化交通重大建設審議評估機制,引導永續發展。

時間	計畫	重點
2013-2016	公路公共運輸提昇計畫	• 目標 公路公共運輸載客量每年成長 5%。 2025 年公共運輸使用率倍增達 30%。 • 執行策略 「重建信心、愛用公共運輸」 「無縫運輸、服務有感」 「有效管理、共創多贏」 「創新公共運輸、使臺灣更好行」 • 四年經費 200 億元，希望在既有基礎下，繼續加速提升公共運輸競爭力，並且善用行銷吸引民眾使用公共運輸，以順利引導民眾改變運具使用習慣，降低對私人運具之倚賴。

資料來源：彙整自交通部歷年推行之計畫

積極提升市區公車和公路客運、計程車以及電動巴士等之公共運輸的使用，是推動綠色交通、節能減碳之重要政策之一。台灣從 1996 年到 2012 年積極在軟硬體方面發展公共運輸，在車輛和場站等硬體設施逐步建構完成後，軟體面的營運整合與智慧化管理更是整體系統成敗的關鍵。2009 年起，建設捷運之外，也開始分配合理資源來打造人本的市區公車和公路客運系統，追求具有「人性化、親和力、可靠性、舒適性、健康性」等 5 項概念之交通環境，落實「提供優質運輸服務、營造健全經營環境、達成無縫服務境界、保障國人基本民行」等四個目標，將使台灣公路客運之營運效率和服務品質提升至新的境界。

公共自行車成為台灣城市運輸新體系

在「公路公共運輸發展計畫」（2010-2012 年）中提到，隨著全國公路系統擴建，為機動車輛的使用帶來速度的提升與使用便利，卻同時伴隨了交通衝突增加、生活品質下降、生態環境失衡等負面問題，所以有必要推動力以「人本」為要素之永續交通規劃理念。

從政策的演變，也可以看得出過去交通發展重視工程，但努力增建

公路、提升道路品質的同時，卻忽略了「人」才是使用的關鍵，在各項交通建設中注入人本思維，對環境永續的發展才是長久之計。

綠 話 題

公共運輸成長獲獎

公共交通國際聯會（UITP）為世界規模最大的公共運輸組織，每兩年舉辦世界大會及公共交通展覽，同時頒發公共運輸成長國際獎項。交通部從 2010 年起積極推動之「公路公共運輸發展計畫」，至 2012 年底整體公共運輸運量已較 2009 年成長 13.5%，在聯會上也獲得「政治承諾獎」亞太地區第一名、入圍全球前二十名。

台北捷運公司早已獲得世界捷運組織評為服務可靠度第一的殊榮，而 2013 年提出六項針對弱勢族群創新服務：無障礙動線之改善與增建、對輪椅旅客之友善措施、對視障者之友善措施、對年長者之友善措施、對婦女及孩童之友善措施及推廣「關懷禮讓、便捷幸福」的捷運文化，榮獲 2013 年亞太地區第一名、並入圍「顧客服務創新獎」全球前三名。

5-3 依人口別訂定之公路公共運輸發展目標

都市人口	短期	長期	縣市
200 萬人以上	15%	50%	新北市、台北市、新北市、高雄市、台中市、桃園縣
100~200 萬人以上	現況比例加倍	20%	台南市、彰化縣
100 萬人以下	現況比例加倍	10%	屏東縣、雲林縣、苗栗縣、嘉義縣、新竹縣、南投縣、宜蘭縣、新竹市、基隆市、花蓮縣、嘉義市、台東縣、金門縣、澎湖縣、連江縣

資料來源：公路公共運輸發展計畫，交通部，2010。

公共自行車系統（Public Bicycle Systems, PBS）是綠色運輸最具代表的交通工具，自行車具無污染、行駛速率低、可及性高、成本低、停車方便等慢活特性，最適合運行於都市中。目前全球有40個國家、500座都市使用公共自行車系統，共有超過22萬輛公共自行車、一萬多處租賃站，其中亞洲都市提供的公共自行車數量高達12萬輛，已超過歐洲，佔全球60%。自行車在都市運輸系統中可包含日常生活所需、通勤、通學、公共運輸轉乘及休閒運動等功能。台灣除五都現有公共自行車運作和擴增，其他城市也依其城鄉發展特性進行規劃。

無車日，改變運輸觀念與態度的綠色行動

從具體的公共運輸建設，到喚醒大家對新生活方式的思考，綠色交通真的必須從觀念改變做起。1998年9月22日，法國35個城市的市長一起完成了一項壯舉，共同推行「In Town, Without My Car」，這就是「無車日（Car free day）」當初的起源國家之一。當天，大家把自己的車放在家中的車庫裡，以公共運輸、自行車、步行等方式，讓整個都市轉換成一種不一樣的流動。之後，歐盟各國紛紛響應，2000年起，擴大至全歐洲，到現在全球已經有超過1,500個都市加入推廣無車日的活動。

無車日的精神在於喚醒大家注意，過度使用機動車輛已經為都市生活帶來的負面影響，並肯定行人、自行車的用路權，以及加強都會地區的公共運輸系統，而無車日活動成功的要件在於社會大眾的支持以及政府願意改變的承諾，無車日使民眾感受環境的改變，而政府順勢積極承諾未來一年的行動方案，並逐年體驗、檢視改善成果，這是無車日推動的積極意義。

無車日並非僅於公部門單方面的動起來，更重要的是大家在體驗不使用機動車輛時，是否真正願意為環境多做一些改變，此並非完全

拒斥小汽車和機車，而是思考是否願意打造另一種更安全、健康的
生活方式。

高雄無車日，尋找低碳運輸的各種可能

高雄市從 2005 年起開始響應世界無車日相關活動，從自行車騎乘到
結合公共運輸、都市人文，可看出港都高雄的無車日，已走出自己
的特色。例如，2009 年以「國際無車新時代，痟子英雄逗陣行」為
號召，邀請世界無車日創辦人 Eric Britton 共同參與活動，並舉辦街
頭專題演講和市長論壇，讓無車日的推廣接軌國際。2011 年將所有
無碳運具集合在一起，有路跑、直排輪、自行車、兩輪電動車、太
陽能車及氫能車等，甚至還有牛車、騎馬、三輪車也一起來，讓大
家在輕鬆歡樂的氣氛中體會到無碳運具的多種可能。2012 年以「低
碳時代，輕鬆高雄 Style」為主軸，請市民擇一讓地球無負擔的輕移
動、慢移動方式，一起出門欣賞高雄的美麗風光與藝文，將無車日
與港都生活文化新美學做了完美的結合。

以慢活移動的方式，享受都市的美好。（攝影／王雅湘）

多使用公共運輸，低碳過日子。（攝影／王雅湘）

改踩自行車，拉近與環境的距離。（攝影／王雅湘）

台中無車日帶動運輸新選擇

台中市從 2002 年起開始參與國際無車日活動，開始帶動了台中市的自行車風潮，也帶動了居民使用節能減碳的運輸新選擇。其中像 2007 年「早安！台中・Easy Biking」、2008 年「台中新騎跡，國際無車日」首次封閉環中路六線道，受到民眾熱烈的迴響；2009 年繼續在同一地點再度舉辦，除鼓勵親子共同參加，更吸引外縣市的單車愛好者也紛紛共襄盛舉。2010「國際無車日－鐵馬新都遊」騎乘路線首次跨越台中縣市，擴大活動範圍，從台中市足球場出發，經環中路進入高鐵烏日園區，最後抵達烏日台灣啤酒廠。台中市的特色係除了自行車騎乘活動，更透過教育推廣的方式，宣傳公共運輸和低碳交通，努力讓無車日發揮更加值的效果。

養成搭乘公共運輸的習慣，減碳生活才能持續。（攝影／林佩穎）

台北國際無車日，從封街一天到低碳慢活

台北國際無車日從 2002 年起開始舉辦，2007 年起擴大與新北市共同合辦「大台北國際無車日」，活動前幾年多以封街步行或騎自行車為活動主軸，後來思考「一年 365 天中只封街 1 天採用綠色運具、另外 364 天恢復原狀，是否真能代表對環境的重視及對綠色運具選擇的決心？」因此，2011 年大台北國際無車日活動有別以往，不封街、不騎自行車，改由市府機關、企業率先力行突顯無車日精神，同時呼應歐洲慢活週（European Mobility Week），以「少碳氣、多微笑」為宣傳口號，並逐漸拉長活動期間，除步行與自行車，更擴大公共運具使用，並強調教育宣導之重要性，結果引起廣大的迴響。透過歷年無車日的主題回顧也可以發現，從少開車到強調低碳的議題，從一天到一段期間，讓大家更加思考都市也可以有不一樣的生活選擇。

綠話題

攜手打造低碳永續家園

為加速台灣朝向「低碳永續家園」邁進，除了著手在各項綠色交通的策略外，還積極打造二個低碳島、四個低碳示範城市。將金門打造成世界級「獨立型電網」之低碳島、澎湖則成為再生能源示範低碳島。而四個低碳示範城市分別為新北市、台中市、台南市、宜蘭縣，各個城市依其發展特色，並依據當地的產業發展項目，打造屬於當地的特有低碳發展策略，推動綠能產業經濟，並以綠色交通達到低碳運輸目標。

期盼透過城市低碳的發展，逐步影響周邊產業與環境，引領全台共同構築北中南東四個低碳生活圈，並將成功的技術與經驗輸出，為其他國家或都市提供發展之建議與參考。

02 中小型都市和偏鄉首重彈性服務

由於中小型都市人口少、屬於地區性的生活中心，因此在發展上有別於大都市的需求，不需要高運載量的捷運，反而更重視彈性的小眾接送服務。

依據各縣市人口分佈與地理位置，台灣除新北、高雄、台中、台北、台南等五個直轄市，以及即將升格的桃園市外，其餘 16 個縣市相對規模較小。依據經建會（2007）所進行之「人本交通運輸系統規劃及示範案例－－中型都市層級」，將中型都市定義為人口規模在 10 萬至 30 萬人之間，包含嘉義市、竹北市、頭份鎮、彰化市、員林鎮、南投市、斗六市、屏東市、台東市與花蓮市共 10 個市鎮。即便是五都的新北、台中、台南和高雄，其城鄉發展差異頗大，因而在偏鄉地區也必須要有不同於市區的綠色交通系統。

5-4 台灣中型都市統計

編號	縣市	縣轄市	人口數
1	基隆市		376,082
2	新竹市		427,050
3	嘉義市		271,291
4	新竹縣	竹北市	155,567
5	苗栗縣	頭份鎮	100,832
6	彰化縣	彰化市	236,646
7	彰化縣	員林鎮	125,144
8	南投縣	南投市	103,170
9	雲林縣	斗六市	107,947
10	屏東縣	屏東市	207,043
11	台東縣	台東市	107,611
12	花蓮縣	花蓮市	108,658

資料來源：內政部戶政司全球資訊網（www.ris.gov.tw/zh_TW/34）

台灣地區這些中小型都市的交通特性，分別在活動範圍、旅次模式、生活型態、人口移動現象、交通需求和管理等與大型都市有具體差異。

一、**活動範圍與目的：**中小型都市的都市範圍相對小，每天出門的活動目的相對單純，主要以上班、上學為主，其他如購物、遊憩出門的次數相對都會區較少。

二、**旅次模式不同：**每趟出門的距離和時間相對都會區較短，因為中小型都市都是自然發展形成，住商混合的土地使用更為明顯，所以出門上班、上學、買東西，距離相對不遠。

三、**生活型態：**中小型都市生活步調較慢，故對旅行速度的要求也較低。

四、**交通需求：**中小型都市因需求少、相對分散，傳統定線、定班公共運輸難發展，因而漸養成高度使用私人機動運具的習慣。

五、**人口移動現象：**中小型都市的市中心工商業相對不發達，出門也未必是為了到市中心去，所以無明顯的集中現象。

六、**交通管理：**中小型都市的發展大多是沿著省道或台鐵車站，所以穿越都市須經過流量較高的路段，形成都市交通管理的瓶頸。

中小型都市在這樣的交通特性發展之下，應發展一套不同於都會區都市的運輸系統，經建會提出中型都市人本交通發展策略如下圖：

5-5 中小型都市人本交通發展策略

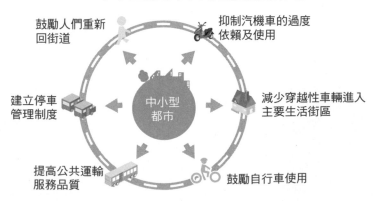

資料來源：經建會，2007

屬於中型都市的嘉義，開闢了一條以 BRT 為概念的專用道，解決高鐵嘉義站聯外交通的問題。（攝影／張耘禎）

交通服務要更彈性

一、破解捷運的迷思：中小型都市因為人口密度不高，市場規模較小，運輸走廊較不明顯，定班定線的公共運輸和軌道捷運難以永續經營，而是需要更有彈性且因地制宜的公共運輸系統。

二、發展需求反應式運輸系統（DRTS）的小眾運輸提供及門到府服務：一方面運輸功能更貼近民眾的需求，一方面也能因應高齡化的社會。在美國，美國公共運輸協會（APTA）2012 年統計全美共有 7,088 個公共運輸系統，其中有 6,741 個為需求反應式小眾運輸系統（DRTS），因美國除了幾個大都會之外，其他地方都地廣人稀，所以有九成以上的公共運輸系統都是需求反應式運輸。因為固定路線、固定班次的可及性不強。再者，美國也屬高齡化社會，如美國匹茲堡在老人社區推動 DRTS，以老人優先，搭載老人至醫療、社區活動、商場和餐廳等場所，是全美最完善的 DRTS 之一，可供台灣的城鄉和中小型都市發展參考。

三、讓機車使用更綠色：中小型都市普遍使用機車，因在都市規模較小，郊區較為離散的地方，使用機車確實有優勢。機車當然可以存在，但可以更綠色、更節能、更安全，更大規模推動電動化，並經由合理限速、駕駛行為的規範是機車管理政策的方向。

03 適居宜遊：
高雄的綠色交通

高雄市作為台灣南部地區經貿及行政核心，同時具備了優良港灣、國際機場及廣大產業腹地的優勢，是台灣國際海空雙港門戶都市。在昔日重工業帶來環境污染的背景下，近年來高雄市積極地透過產業結構的調整，以海洋都市和生態都市為都市發展定位，發展低碳綠能的新興產業，在城市建設上，則提出「亞洲新灣區」的願景，打造適居宜遊的永續都市環境。在交通上則透過不同運輸系統的整合，結合捷運、公車、自行車系統和未來的環狀輕軌，滿足都會區的交通需求，而且更低碳、更便捷。

讓我們來看看高雄發展綠色交通上的努力。

高雄市的交通型態在捷運的帶動下，有了不一樣的面貌。（圖片提供／高雄捷運公司楊豐榮攝影）

高雄市的環狀輕軌參考法國史特拉斯堡經驗，搭配周邊的自行車換乘和綠美化設施，打造以人為尊的舒適城市。（攝影 / 吳益政）

公共運輸路網逐漸成形

高雄市的公共運輸路網以捷運紅、橘線十字型路網為骨幹，2008 年3 月高雄捷運通車，讓高雄市都市發展得到極大的動能，到了 2012年公共運輸年運量首度突破 1 億人次，已是 1997 年的 3 倍之多，隨著 2013 年高雄環狀輕軌電車的動工，高雄公共運輸系統的建構也將從「求有」邁入「求好」階段。影響所及包括都市更新、土地開發、觀光產業、會展經濟，都將與高雄正在建構的公共運輸網絡產生極密切的連動。

全國第一條環狀輕軌沿著水岸動工

為強化公共運輸整體路網及完備接駁服務，高雄市在捷運紅、橘兩線的基礎路網下，建構一相交之環狀輕軌，全長 22.1 公里，共設 36站，一座機廠，除公園二路南側（真愛碼頭）為高架車站，其餘全採平面方式興建，工程分兩階段進行，第一階段路線起自臨港線前鎮調度站，再沿路經光榮碼頭跨越愛河至真愛碼頭，進入駁二特區，

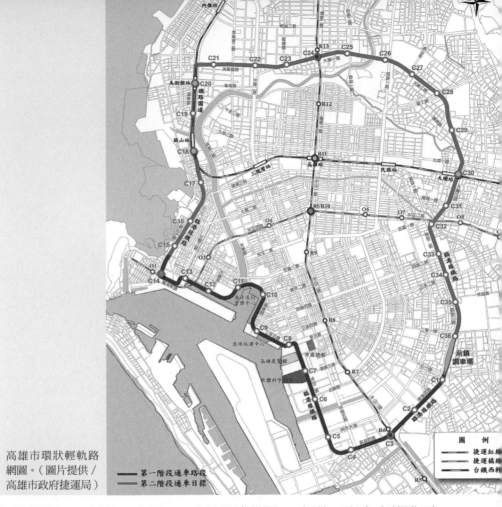

高雄市環狀輕軌路
網圖。（圖片提供 /
高雄市政府捷運局）

■■■ 第一階段通車路段
■■■ 第二階段通車目標

銜接捷運西子灣站，全長 8.7 公里沿途設置 14 個站，配合高雄港區
的發展，串連起海洋文化及流行音樂中心、高雄港旅運中心、高雄
世界貿易展覽中心、高雄軟體科學園區、多功能經貿園區、駁二藝
術特區等重要建設，為高雄市政府全力發展之亞洲新灣區提供高品
質的交通服務。

「高雄環狀輕軌捷運建設水岸段」預計 2015 年底營運通車，第二
階段的 13.4 公里，配合 2017 年市區鐵路地下化完工時程，預定於
2019 年全線完工通車。

在捷運和輕軌的環繞下，再加入公車接駁，班距短、路線不長、起
點和端點都是在捷運站和輕軌候車站，透過轉乘，大幅縮短候車時
間，形成完整公共運輸路網。

環狀輕軌沿著水岸，串連亞洲新灣區四大場館及高雄多功能經貿園區帶動都會核心區及臨港土地再開發。（圖片提供／高雄市政府捷運局）

正在動工的輕軌，全程採用無架空線，行車電力採超級電池電容系統，列車到站 20 秒內完成充電，這套系統是國際新趨勢，目前卡達、杜拜及北京西郊正動工興建中的輕軌也是採用同一套系統，而高雄環狀輕軌的全線無架空線系統，也將成為 21 世紀鐵道運輸的新指標。

高雄環狀輕軌最大的特色是 100% 低底盤的設計及 90% 綠覆率，路線主要沿台鐵西臨港線多採平面方式建造，這種作法除了簡化工程，更重新賦予台鐵東西臨港線新的運輸功能與價值，也保留了台鐵的歷史及鐵道文化價值，未來的輕軌路權和自行車道、人行步道一併納入設計，現有軌道沿線灰白的圍牆拆除後，城市空間更加通透，市況也會因為輕軌穿梭其間而活絡，符合友善人本的通行環境。

高雄環狀輕軌軌道是屬於嵌入型態，和路面不會形成高低差，推嬰兒車的乘客、行動不便之乘客，可以免去爬上高架車站或步入地下車站，衍生上樓、下樓的不便，成功打造交通的無障礙空間。候車

站也準備配合裝置太陽能系統，藉由路口智慧交通控制及優先號誌設計，可縮短行車時間和增加載客效率，開創大高雄都市軌道運輸服務新里程碑。

區區有公車，5 分鐘走到站牌下

高雄市在 2012 年已達成「區區有公車」目標，公共運輸量也首度突破 1 億人次，搭乘綠色運具人數持續成長，更積極辦理公路路網優化及路線整合，自 2013 年 7 月 1 日起將 12 條幹線公車路線納入「棋盤幹線公車先導計畫」，藉由拉直路線、加密班次及增加轉乘站位，串連目前超過 100 條公車路線，吸引更多通勤旅次，民眾持一卡通搭乘市公車，還可享有 2 小時內轉乘市公車的免費優惠。

而現有公車處將於 2014 年 1 月 1 日完成民營化成立港都客運公司，與四家民營業者共同經營，目前平均每日載客約 65,000 人，捷運接駁公車每日運量 3,300 人的公車運輸系統，預計在組織變革後將提供更優質公車服務，讓市民步行 5 分鐘到站牌，30 分鐘內到達目的地，不論是通勤、通學、休閒、觀光、採購及就醫都將更為便利。

1 | 2　　1　2013 年啟用的岡山轉運站。（圖片提供 / 高雄市政府交通局）

　　　　2　攸關東高雄公共運輸建設的鳳山轉運站。（攝影 / 王雅湘）

六大轉運站，打造 30 分鐘生活圈

由於幅員廣大，高雄市為消弭區域間的交通隔閡，串聯各區運輸路網，也規劃六大區域轉運樞紐，以高雄火車站與左營高鐵站兩大主要轉運站，透過高鐵、台鐵、國道客運可快速對外疏運，以捷運與市區公車可便捷對內接駁。再針對各地區核心設置包含小港（南）、鳳山（東）、岡山（北）、旗山（東北）等四大次要轉運站，利用國道及主要道路系統作為服務動脈，透過鐵路、捷運、幹線公車、接駁公車及撥召公車等公共運輸進行轉運，以服務地區交通，完成最後一哩的運輸服務，落實 30 分鐘生活圈。另外，為了刺激場站開發，朝向公共運輸為導向的都市發展，高雄市也擴大場站周邊容積移轉獎勵以鼓勵建商投資，利多帶動下，捷運沿線也出現了許多「捷運住宅」，同時吸引商場、遊憩、健身中心等商業活動。未來六大轉運站、台鐵捷運化車站、輕軌沿線均可同步發展。落實公共運輸導向之發展，帶動公共運輸場站周邊逐步形成適居宜遊的生活空間。

自行車友善城市：連接最後一哩路

高雄市是台灣最早設置都會型公共自行車系統的都市，在捷運通車之後的第二年即完成建置，提供公共運輸的第一和最後一哩服務。

高雄市第二座為自行車與行人專用的景觀橋——前鎮之星。（圖片提供／高雄市政府工務局）

在為打造友善自行車的騎乘環境上，高雄市積極闢建可提供民眾通勤、休閒、運動等功能的自行車道，截至 2013 年 5 月底，高雄市自行車道總建置長度已達 560 公里，成功地串連起愛河及都會港灣沿線重要景點名勝，只要騎上腳踏車就可以暢遊高雄市區各個角落，這為高雄市推動綠色觀光帶來推波助瀾的效應，並預計在 2013 年底高雄市還會持續達成 600 公里自行車道系統、2014 年底還將長達 700 公里。

公共自行車租賃站點密度領先全國

高雄公共自行車租賃服務從 2009 年啟用，配合高雄市紅、橘線捷運的開通及自行車道闢建，採十字形架構方式為南北向及東西向建置，站點規劃包括捷運、機關學校、觀光、住宅、商場及醫療院所等六大型態，聯結高雄市自行車道系統，兼具休閒與通勤之功能。從第 1 期 49 個租賃點逐漸增設新站，目前有將近 120 座租賃站，平均每站間距騎乘約 8 分鐘內，租賃站點密度高，使得使用人次也屢創新高，2013 年 6 月份單月使用量已接近 20 萬人次，目標 2013 年底增加到 160 座租賃站點，進而帶動南台灣各都市以更積極的態度推動公共自行車。高雄公共自行車現由高雄捷運公司經營，並在財務永續思維下結合都市開發之民間資源擴大租賃站點的設置，實屬推動綠色交通的創舉，值得其他城市學習。

1 | 2　1 銜接愛河與蓮池潭自行道的翠華橋，跨過車流量大的路口，專為單車族所設計。(攝影 / 王雅湘)
2 透過收取停車費的管理方式，原本因機車變得雜亂的道路，煥然一新。(攝影 / 王雅湘)

形塑慢行悠活的步行空間

高雄市在捷運場站進行設計時，就同步將捷運沿線步道加寬，創造更優質的慢行環境；並針對港區與愛河等水岸周邊步行空間進行綠、美化與街道家具的妝點，藉以展現海港都市浪漫悠閒的一面。同時透過校園通學道的規劃、設置，啟動友善步行的空間行動，透過持續騎樓整平工程，機車退出騎樓、人行道專案的措施，還給行人安全舒適、悠活慢行的步行空間。

打造公平人本的運輸環境

「以人為本」也是高雄之交通運輸發展的指導原則，其理念就是兼顧使用者需求，建立友善使用環境，進而提升交通建設之親和性、舒適性及可靠性。特別是在針對服務偏遠地區以及弱勢族群，需求反應式運輸系統（DRTS）是必然發展的趨勢，現階段高雄市的DRTS，有復康巴士、電梯公車以及新成軍的無障礙計程車隊等多元的運輸模式，可滿足不同族群的需求。

為打造無障礙運輸環境，高雄市持續引進低地板公車、擴充復康巴士車隊至 105 輛，車內加裝了方便身心障礙者上下車的輔助器材。2013 年更爭取交通部同意補助購置 40 輛無障礙計程車，在既有的

1｜2
3

1 為身心障礙者服務的復康巴士，可做為彈性運輸，擴展到一般民眾的醫療、休閒、社區甚至通勤通學等旅次需求。（攝影／王雅湘）

2 高雄市為提供身障者、輪椅人士等五星級無障礙載運服務，成立無障礙計程車隊。（圖片提供／高雄市政府交通局）

3 透過太陽能智慧型站牌，通知行駛中的公車前來載客。，此為偏遠地區試辦的電梯公車，設有叫車鈕。（攝影／王雅湘）

復康巴士及低底盤公車的運輸環境下，身心障礙者將有更彈性、便利的交通選擇，除了路邊「無障礙計程車專用格」的規劃外，也提供博愛卡使用者優惠，無障礙計程車可滿足老人、孕婦、身障者、輪椅人士等無障礙載運服務外，也能滿足一般多行李觀光客的需求，是多功能的機動運具。

再者，因應偏遠地區之運輸需求，撥召公車、電梯公車、就醫公車等加入，也讓偏鄉的交通服務更具彈性，其中就醫公車是針對那瑪夏、桃源、多納等區，採定班定線至旗山轉運站，再分別開往義大醫院、高醫、長庚醫院。而於 2013 年在大坪頂試辦的「電梯式公車」，就是搭車民眾抵達智慧型站牌後按鈕，由公車動態資訊系統接收、發送給行駛中的公車接收後，司機再前往載客，操作模式像搭電梯一樣，叫車按鈕後公車可彎入社區提供服務，此種需求反應

式運輸服務，除了解決偏遠地區彎曲道路多的交通需求問題，因地制宜且客製化，更能讓營運效率提高、增加整體服務品質，也更人性化。

發展綠色低碳運具：太陽能、電能、氫能

高雄市原為工業大城，空氣污染一直是環境上的大課題，為追求都市永續發展，也因此非常早就開始推動綠能低碳運具，將太陽能、氫能等運用在海陸交通，達節能減碳之效。

一、善用太陽能擴充綠色運輸系統：建立太陽能觀光船隊推動綠色觀光船，持續擴充 12 艘「全太陽能」觀光船隊，以 18 片光電太陽能板充電，並以電池蓄電提供船舶動力電源，節能減碳不會釋放污染物影響愛河流域的水質，觀光遊憩之餘，降低對水域的環境衝擊。另擴充太陽能公車候車亭與站牌、太陽能充電站，充分利用高雄豐富的太陽能，落實綠色交通。

二、持續擴充氫能節油公車：氫能節油公車為低污染、低耗能之綠色公車，對節能減碳具有良好成效。高雄市於 168 環狀幹線公車優

1｜2　　1 愛河的太陽能船安靜、無臭吸引許多遊客搭乘。（攝影／林佩穎）
　　　　 2 行駛國道 10 號的電動公車，純電動，省油、污染又少。（攝影／張筧）

先引進 20 部氫能節油公車，2009 年世運期間圓滿完成場館間接駁任務，並於 2010 年榮獲全球能源獎空氣組首獎，未來亦規劃持續引進氫能節油公車。

三、**推動電動車：** 為建立低碳運輸環境，減少移動污染源對燃油的依賴，高雄市積極落實電動車發展政策，包括電動汽車、電動機車，電動公車及電動自行車。2013 年 1 月 15 日從高鐵左營站行駛國道 10 號往旗山轉運站的旗美國道快捷電動公車，為全國第一支國道電動公車車隊，其純電動，不僅節省燃油消耗，且大幅降低空氣污染。此外，高額補助民眾購買電動機車來汰換二行程機車，並自 2010 年起推廣電動機車免費充電站服務，陸續擴充至 242 站，也建立全台首處電動機車電池交換站，以提升民眾使用電動機車之意願，逐步達到機車減碳之目的。

多元多面向打造綠色交通

除了投入各種低碳運具外，高雄市更以軟體面的策略，分別以智慧運輸系統、彈性費率、強化停車管理、客貨運分流、移動污染源管制等多樣化策略來打造屬於高雄特有的綠色交通環境。

一、善用 ITS 建立四大智慧運輸系統走廊，節省用路人穿梭於大高雄產業聚落旅行時間，有效紓解產業園區交通瓶頸，除了提昇整體運輸效率，更能節省油耗、降低污染排放。

二、公共運輸採彈性費率政策，實施搭市公車刷一卡通，在 2 小時內轉乘市公車免費之優惠，簡化手續，並以費率為誘因，鼓勵公共運輸之使用。

三、強化停車管理，高雄約有 14 萬 2,000 個停車格位，採取彈性費率，並針對公共運輸可達之商圈開辦機車停車收費，強化機車管理並退出騎樓，鼓勵機車使用者移轉至公共運輸。

四、人貨分流以提高行車安全，高雄為海港都市，貨運也是都市運輸內為重要之一環，以沿海三路為例，這是高雄市臨海工業區重要交通要道，為改善沿線大貨車與小汽車競相爭道，在尖峰實施「內側車道禁行大貨車管制」，重要路口同步實施「禁止大貨車左轉」管制，以減少小汽車和大貨車衝突，提升行車安全。

五、移動源三環三佳分區管制，把高雄市劃分成都會型、都會鄉村交界型、鄉村型的三環地區，分別提出不同的機車與柴油車管制方式，例如，在人口集中的都會區，機車要維持高定檢率，柴油車要加速公車更新，並嚴格取締車輛怠速。依據各環人口密度與車輛使用，採取彈性作法以達最大減量成效。

六、積極擴充公共自行車站點，除鼓勵公私有地主動申請設置租賃站，也朝向容積移轉獎勵以及環保局正推動的「高雄市公共腳踏車租賃站申請設置辦法」，由民間捐贈租賃站（參見 197 頁），使最後一哩的自行車服務更為便利，以便利性為誘因來吸引使用者放棄慣用的小汽車或機車，移轉至綠色運輸。

5-6 高雄市交通發展政策與行動方案

目標	發展策略		行動方案
人本	整合港市運輸系統，活絡產業發展	➤	港市1體交通運輸
	照顧弱勢族群，提供無障礙運輸環境	➤	雙2管無障礙運具
永續	發展低碳綠色運具，追求城市永續發展	➤	3大低碳運具
安全	建置智慧型運輸系統，提升運輸效率	➤	4大智慧運輸走廊
	建立大高雄轉運樞紐，打造30分鐘生活圈	➤	5大公共運輸系統
效率	建立層級推動架構，發展公共運輸	➤	6大運輸樞紐
休閒	強化觀光運輸機能，塑造遊憩魅力	➤	7大觀光運輸系統

積極參與國際低碳城市社群

台灣各都市除努力推動綠色交通外,更積極與國際成功都市進行交流,效法其理念與經驗,並積極將台灣推向國際舞台,讓世界看得見。高雄市為全台第一個都市加入由全球地方政府組織所形成之「環境行動國際委員(ICLEI)」,還爭取到亞洲唯一 ICLEI 高雄環境永續發展能力訓練中心,更連續多年參加聯合國氣候變遷綱要公約會議(COP),決心朝向綠色城市而努力。

一、ICLEI 國際低碳運輸會議:2011、2013 年高雄市劉世芳副市長連續兩屆受邀參加 ICLEI 國際低碳運輸會議之市長圓桌會議,於大會中針對高雄市的低碳公共運輸系統、高雄市公共自行車系統等政策發表演說,獲得現場各國城市代表與專家學者的高度肯定,並與13 個城市和公民團體簽署國際低碳運輸聯盟宣言。

二、共享綠色交通國際研討會:高雄市舉辦「2010 共享綠色交通國際研討會」,以「Sharing is cool」為主軸,議題中包含多種不同的共享形式,包括汽車共享、乘客共乘、公共自行車、計程車共乘、街道共享、巴士共乘的觀念,同時關注我國資通訊技術在共享交通方面的運用,這也是台灣產業特有的強項。這是亞洲第一次以共享交通為主軸的研討會,為期三天的精彩議程吸引超過三百名產官學研各界人士共襄盛舉,從世界各地如法國、德國、英國、義大利、中國、日本、新加坡、印尼、菲律賓、尼泊爾、印度以及美國等地前來的頂尖學者專家,都在這場會議中分享其研究成果與應用經驗。

許多共享理念在國際研討會中受到關注。(圖片提供/高雄市政府交通局)

張豐藤：高雄適合發展 BRT，以兼顧財務永續

高雄市目前有兩條捷運、一條輕軌，曾到過巴西的庫里提巴市考察的高雄市議員張豐藤，期盼未來 BRT 也能納入高雄市的幹線動脈。他概述，以發展 BRT 聞名的庫里提巴，公車使用人次竟然與都市人口數相當，顯示超高的 BRT 使用率！

在庫里提巴，為了縮短通勤時間，大家喜歡住在 BRT 車站附近，以便善加利用。一般家庭當然也擁有汽車，但絕大多數是假日用來移動至其他城市旅遊，上下班的交通工具則以公共運輸為主。

由於公共運輸可以降低空氣污染降低，也比私人駕駛機動車還減少人命的損失。更重要的是，可逐漸不再開闢道路，都市的空間被解放回歸給行人與單車。張議員提到，目前高雄市旗山、鳳山、岡山已設置轉運站，串聯城鎮之間的公車，就如同 BRT 一般，從市中心到每個轉運站，然後轉運站再延伸棋盤式路網的公車。

狹長的高雄市中心需要規劃縱向的路網，目前市府向中央申請 BRT 的規劃路線，是從高鐵站到中華路延伸到高雄火車站，張豐藤認為，未來應將民族路納入規劃，建構高雄市公共運輸綿密的路網，才能滿足更多人的需求。

1 | 2
　1　旗山轉運站帶給在地人與觀光客更多的便利。（攝影 / 王雅湘）
　2　巴西庫里提巴的民眾上下班多搭乘 BRT，因此使用率相當高。
　　（攝影 / 張豐藤）

吳益政：建議企業捐款增置公共自行車站

高雄地區通勤運具的使用比例，機車高達62%！

為有效轉移摩托車通勤旅次至大眾運輸，除加強幹線公車和增加公車數量之外，高雄市議員吳益政認為，也應廣設公共自行車，達成服務到最後一哩路的Door to Door功能。

然而，擴大設置公共自行車租賃站，財務來源將是一大挑戰。吳議員建議可以朝四大方向加以努力：

第一是享用容積移轉或容積獎勵建築物，依據享用比例，強制規定企業捐贈租賃站數。

第二針對公共空間均應設置公共自行車租賃站，如醫院、購物中心、辦公大樓、國高中以上學校、飯店等。

第三是開放企業捐贈站體和車輛，除站體設置以捐贈企業命名之外，高捷公司應於車廂或車站釋出廣告給予捐贈企業使用；

第四請環保局估算公共腳踏車抵碳模式，提供適當抵碳機制，鼓勵企業樂於捐助。

吳益政也建議公共自行車的形式應更為多元，如親子車、貨運車等，甚至能考慮設置電動自行車。期許一步步回應每位民眾對於自行車的想像和需求，讓公共自行車成為機車族轉移至公共運輸時的第一個誘因和選項。

1｜2 1 高雄市公共自行車站兼具通勤和觀光的功能。（攝影／王雅湘）

2 在溫哥華，親子車出遊很常見。（攝影／沈芳瑜）

04 大都市的綠色交通，要更綠

人口密度高的大型都市，惟有導入以公共運輸為主的永續綠色城市概念，才能解決都市交通問題，進而透過公共運輸導向的土地使用發展，創造宜居都市，打造美好未來。

基於台灣各大都市在低碳永續發展的成果，可從都市定位、都市發展、人本思維、管理層面、資訊技術以及財務永續等面向，思考各都市發展綠色交通的可行方向，也希望透過這些構想能激盪出更多落實綠色交通的創意作法，讓台灣成為世界綠色交通轉型之典範。

尋找適合都市定位的綠色交通

以都市長期發展的思維，找出都市發展願景，並推動相呼應的綠色交通規劃與建設，其效益將是都市經濟與永續發展的關鍵力量。

國際各大都市在推動綠色交通時，提出許多新主張，如英國倫敦首位民選市長黎文斯頓（Ken Livingston）當選後開啟徵收擁擠稅來促使小汽車合理使用，並運用收取經費改善捷運系統及建置公車專用道和動態資訊系統，以落實其選舉時的政見，該措施使得倫敦市中心區減少了將近 20% 小汽車流量，空氣品質和交通秩序都因而大幅提升，民眾滿意度超過 70%。美國紐約前市長魯迪朱利安尼（Rudolph Giuliani）以破窗理論，帶動都市的更新與美化，也因此聞名全球；接任市長麥可彭博（Michael Bloomberg）持續積極推動都市更新、提升捷運、計程車和公共運輸服務品質，並將市區行車速限降低，將更多街道空間重新配置分給行人和公共運輸，連一向車水馬龍的時代廣場也改變成為慢行空間。巴西庫里提巴前市長傑米勒納（Jaime Lerner），將全市打造成以 BRT 幹線、公車系統為主的生態都

筆者（張學孔，右一）與世界無車日發起人 Eric Britton（左一）、德國思圖加特前市長舒斯特博士（W.Schuster），在國際會議上意見交流。（攝影／林小媛）

市，不但改善都市交通問題，更帶動經濟成長，成為世界著名的宜居都市。**法國史特拉司堡市長圖特嫚（C. Trautmann）**主張讓地面輕軌電車（tram）重返街道來對抗私人運具長期霸佔屬於「公共財」的道路現象，並堅決反對競選對手採取高架捷運的交通方案，她成功的以「生活情趣」命名地面輕軌電車，並在系統沿線創造出綠色廊道的生活空間。

德國思圖加特剛卸任市長舒斯特博士（W. Schuster）在任內積極創造完美人行空間、合理引導小汽車不進入市區，以及透過都市設計活化輕軌車站周邊生活空間，並針對斯圖加特丘陵地形推動太陽能公共電動自行車，將公共運輸和慢行空間提升至更高層次。舒斯特市長每年舉行人本交通高峰會，除了分享綠色交通成果，還邀請學者專家和市民提供精進的具體建議，形成極佳的良性互動。

巴黎市市長 Bertrand Delanoe 為了響應全球節能減碳風潮，秉持環保理念，在巴黎市內推動大規模的公共自行車與小汽車共享等多項綠色交通計畫。綠色交通環境之打造，需要中央和地方政府的環境、交通、工務、執法、都市發展等不同部門共同合作，尤其是首長須具有推動的決心與魄力。

而每座城市各具風格，應找出都市的調性。例如，有別於台北市，高雄市以海洋都市和宜居的生態城市為定位，積極打造亞洲新灣區，營造藍天、淨水、綠地、低碳、寧適宜居的永續環境，在發展策略上可效法澳洲雪梨、加拿大溫哥華、荷蘭阿姆斯特丹等國際知名海港都市，透過專業參與和市民互動找出明確的定位後，規劃出最貼切的綠色運輸系統，帶動發展成為適居宜遊的都市。

在公共運輸廊帶上，提高土地使用誘因

公共運輸系統的成功，關鍵之一是強化土地使用策略與相關軟體配套措施。台北轉運站結合公共運輸場站、商場、住宅等多功能複合使用，成功帶動台灣公共運輸轉運站的發展。高雄市也積極發展捷運、輕軌、公車捷運、幹線公車、彈性公車等多元整合的公共運輸系統。新竹縣竹北高鐵特區因為高鐵通車，「台北－新竹一日生活圈」成型，進而在新竹縣政府及高速鐵路局，共同努力透過土地使用規劃帶動周邊整體發展，也是運輸場站結合土地使用的成功模式。因此，若能在公共運輸廊帶中，提高土地使用的誘因，在車站周邊強化生活機能，並將重要公共建設配置於公共運輸走廊，才能真正落實公共運輸導向的發展。

環繞愛河出海口的海洋文化及流行音樂中心，將來成為流行音樂的新指標。（圖片提供／高雄市政府工務局）

整合自行車、公車、捷運、步行系統

推動公共運輸必須重視人本環境之塑造，因此步行、自行車、候車環境與轉乘空間之規劃設計就顯得更為重要。以使用者為主的人本理念出發，從規劃、設計、營運管理各方面進行改造，檢視從住家到公共運輸場站，若是騎自行車是否有方便的停車空間？坐公車有動態資訊可查詢？候車空間舒適與否？公車有方便乘客上下車的低地板和符合人體工學的乘坐空間？

此外，搭乘公共運輸運搭配便利的智慧卡付費系統，轉車換乘時就能獲得合理優惠費率，而透過公車動態資訊可預估到達目的地時間，下車後同樣有寬敞安全的步行空間或接駁公車候車環境，這樣的人本交通環境是吸引民眾使用的基本要求。

換言之，應將公共交通和慢行環境做更人性化的設計，高雄在積極發展捷運、輕軌電車等多元公共運輸系統的同時，未來可以更著重於將自行車（Bike）、公車（Bus）、捷運（Metro）、步行（Walk）系

公共運輸的轉乘規劃也是塑造人本環境重要的項目之一。（攝影／王雅湘）

<table>
<tr><td>1</td><td>2</td></tr>
</table>

1 提倡自行車通勤的同時，相關配套也要一併齊全才行。（攝影／蔡文淵）

2 自行車專用號誌與專用道是打造自行車環境的基本設施。（攝影／王雅湘）

統與相關設施作一整合，加上公共運輸導向的土地使用發展，並應用智慧型運輸系統，將可形成 BBMW 人本安全的綠色永續運輸環境。

彈性運輸，貼近地區需求

台灣有 6 個直轄市、16 縣市，直轄市範圍幅員廣大，各區發展強度迥異，且直轄市與縣市的差異甚大。從歐美各地區的成功發展經驗，已印證需求反應式運輸系統確實非常適合服務人口密度低或需求不高的地區，如都會郊區或中小型都市，應用彈性運輸確實比固定路線、固定班次更貼近地區運輸需求，並且能因應高齡化或醫療特殊需求。更重要的是，經過預約、派遣、共乘的旅次安排而能有更高的營運效率與品質，並在有限資源下提供符合綠色交通發展的客製化服務。但此種將復康巴士拓展至服務一般民眾的需求反應式系統（DRTS），在啟動上需要政策的大力支持，從中央的法規、地方政府

沿著主要幹道的自行
車道，扮演通勤的角
色。（圖片提供 / 高雄
市政府工務局）

的認知與推廣到營運單位的落實，三方的緊密結合才是推動成功的
關鍵。

2012 年 8 月 1 日，全國第一條 DRTS 智慧型公車，臺中市的「藍光
一號」正式上路。之後，彰化縣也在二林鎮、芳苑鄉、大城鄉及竹
塘鄉試辦免費「DRTS 接駁公車」為強化服務偏遠地區交通網絡。
高雄市也從 2013 年 7 月開始在紅 2 線行駛的大坪頂社區試辦「電梯
式公車」，當站牌有乘客按鈕，公車司機再前往載客，以提高載客
效能，並減少不必要的行駛和停等時間。之後結合計程車隊代替傳
統公車更擴大辦理「計程車彈性服務」經營大寮、大樹、紅 71 等路
線，成效也頗受好評。

如何可以進一步拓展應用範圍，甚至是更多彈性路線的經營方式，
使公共運輸服務客製化、有效率，能以及門接送和預約服務來有效
吸引私人機動運具使用者移轉至公共運輸。

**建議可以現有復康巴士為出發，配合地區活動或醫療與旅遊在特定
期間進行試辦，甚至開放非特定服務對象之高齡者，視試辦情形評
估常設之可行性，逐步發展成各地區多樣化彈性小眾運輸；進一步
若成功培養使用習慣，也能累積一定運量，可搭配尖峰時間定班、
定線方式來運行。**

5-7 DRTS 發展層級

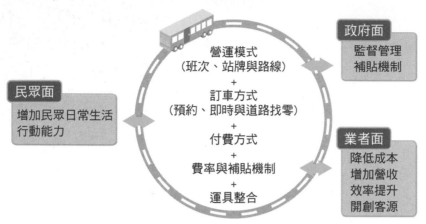

民眾面
增加民眾日常生活
行動能力

政府面
監督管理
補貼機制

營運模式
（班次、站牌與路線）
＋
訂車方式
（預約、即時與道路找零）
＋
付費方式
＋
費率與補貼機制
＋
運具整合

業者面
降低成本
增加營收
效率提升
開創客源

資料來源：張學孔、王穆衡等，需求反應式公共運輸系統之整合研究，運研所，2010

合理管理機車

機車的高持有和高使用是亞洲都市的一大特色，機車在我國各都市
也都是占比最大的運具之一，依據歷年機車登記數可見，近10年全
國機車數呈現上升又下滑的趨勢，從2005年1,319.5萬輛機車逐年
成長，至2011年為最高峰約1,517.3萬輛，截至2014年底約為1,373.5
萬輛，全國每千人平均擁有585輛機車，而高雄市平均每千人擁有
821輛機車，其占有率為台灣各都市之冠，如何適當管理機車，為
我國各都市發展綠色交通一個非常重要的議題。雖然近三年隨著公
共運輸的路網漸趨綿密、政府大力補助與推廣、智慧卡廣泛使用等，
以及油價上漲後，確實吸引部分機車騎士移轉至公共運輸，但就公
共運輸和慢行交通使用率觀之，仍有大幅努力的空間。「給」了公
共運輸之後，開始慢慢「要」機車使用者付出應付之成本。從2012
年開始，高雄市針對人潮眾多地區實施機車停車收費，此舉使得公
共運量提升約15%至17%；同時也開始規範機車退出騎樓、人行道，
大幅改善人行通行環境品質，該項政策不僅獲得民眾的肯定，也獲
得商家的支持。

建議應更正視機車議題，針對機車應負擔之社會成本，應持續合理
的採取計費與收費之措施。既然機車有存在的必要性，應能合理管

理機車，不應以抑制的思維，改採引導移轉的思考，也可搭配停車費率、進入區域之限制；再者，鼓勵機車朝向更為綠色的運具轉換，除了持續推廣汰換二行程機車，並也可提高電動機車的誘因。對於機車的安全的防護與宣導同時必須持續落實於工程、執法和教育之中，讓安全的觀念深植於民眾心中。

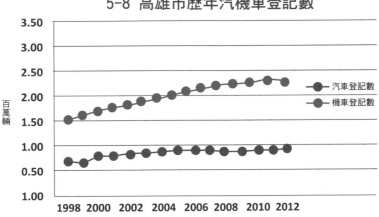

5-8 高雄市歷年汽機車登記數

以共享交通創新服務

當共享經濟已是全球發展趨勢、當公共自行車已經在各都市蓬勃發展、「共享」交通的下一步呢？高雄市在 2010 年舉辦「共享綠色交通國際研討會」針對共享交通觀念深入討論，包含多種不同的共享形式，包括汽車共享、旅客共乘、公共自行車、計程車共乘、街道共享、共乘小巴的觀念，同時亦關注資通訊技術在共享交通方面的運用，這也是臺灣產業特有的強項。接著在 2011 年高雄市進行「發展整合性共享運具系統策略規劃之研究」，分別針對小汽車、電動機車、電動自行車等運具，引進共享交通之概念發展車輛共享計畫，同時結合捷運、公車間接擴充公共運輸服務範圍。台北市繼 U-Bike 將其推上「自行車先進城市」後，已經開始著手推動 U Moto（共享機車）和 U Car（共享汽車），規劃以公私合夥方式實現共享交通的創新服務。

共享交通（Sharing Transport）的運具選項可以很多元化，除了公共自行車之外，公共電動機車、小汽車、計程車以及小型巴士等都可以透過動態派遣和創新服務的設計成為共享的對象，共享運具可以減少停車空間需求並紓緩道路擁擠，達到節能減碳、打造綠色交通的目的。以高雄市為例，在輕軌第一階段通車營運和捷運形成路網後，建議可以仿效新加坡共享小汽車的經營模式，引入民間資源，推動共享交通，而台北都會區確實也具備共享小汽車實施的條件，目前也在積極推動。

導入資通訊技術打造智慧交通

高雄都會區大眾捷運系統電子票證累積發卡量已超過 340 萬張，2012 年交易次數超過 6,643 萬次，其中約 59% 為捷運，40% 為公車，渡輪約占 1%，顯示公共運輸電子票證普遍化。未來可思考持續擴充電子票證的使用範圍，並有效應用電子票證所建立的龐大且即時資料庫，可洞悉使用者起迄狀況、使用頻率、熱點區位與廊帶等，透過對需求面的瞭解，進行對現有公共運輸路網和服務進行更為精緻的微調與改善，以持續應用智慧交通提供安全和優質服務。

對於電子票證和相關資通訊技術的應用，也可使用於停車需求調度和動態導引，目前高雄市市屬停車位共有約 55 萬 8 千個，其中包含大型車 1 萬 1 千餘個、小型車 45 萬 9 千餘個（包含於捷運紅橘線端點規劃的七大轉乘停車場），以及機車 8 萬 7 千餘個。若能以電子票證輔以動態即時資訊系統，顯示停車供需現況，民眾可以在起點或靠近停車場前就知道是否仍有停車位，可減省找尋停車位時間和排隊等待時間，間接減少空駛，節省油耗，並減少溫室氣體排放。類似的智慧停車管理技術亦可用於路邊停車供需動態管理，結合車上和路邊停車感測技術，可以將市區停車供需情況透過智慧運輸中心告知用路人。目前高雄市積極擴充「智慧運輸中心」之功能，包含建置路況監視系統、車輛偵測器、資訊可變標誌、旅行時間資訊系統、停車導引資訊系統等，都是未來架構智慧都市不可或缺之重要元件。

5-9　高雄市智慧運輸中心之主要功能

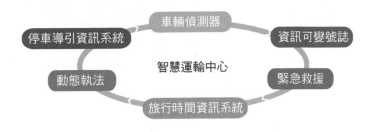

追求公共運輸的財務永續

根據 2013 年度公共建設中央公務預算核列情形可知，總共 1,781 億元的總預算中，公路次類別預算 365 億元（20%），軌道次類別共 537.5 億元（30%），顯示公共建設公務總預算中有超過五成都是屬於交通部門，但其中在公共運輸部分，除了軌道與航空次類別之外，並沒有針對公車、客運等公路公共運輸可歸屬的預算類別，為求公共運輸永續發展，落實綠色交通，建議在中央推動成立公共運輸次類別預算，建立永續財務機制。至於地方政府，可以更積極配合將車站開發利益、停車管理基金和交通違規罰金，合理運用在建立優質公共運輸和慢行交通環境方面。

依據高雄市統計年報可知，2012 年停車場作業基金收入高達 9 億元，扣除支出後，當期賸餘超過 2.2 億元；除此之外，高雄市處理違反道路交通管理事件之罰鍰收入高達 19 億元，若能將其重新合理分配，更彈性運用於提升公共運輸、打造慢行交通環境，除了綠色運輸的財務來源更為永續，高雄市整體都市環境與運輸服務品質將更上層樓。

當高雄以全力發展大高雄市成為「生態、經濟、宜居、創意、國際」的國際新都的同時，對環境的永續、以人為本的思維已然紮根，呼應了綠色交通的核心精神，隨著公共運輸的躍動、慢行環境的提升以及共享交通的推廣，正一步步構築屬於高雄綠色交通的美麗藍圖。

05 打造宜居城市創造多贏

COP21 後的省思－環保署更積極發展綠色交通

2015 年 12 月在法國巴黎所盛大舉行的《聯合國氣候變化綱要公約》
（UNFCCC）第 21 屆締約方大會（COP21），全球共有 195 個國家
共同決議通過巴黎氣候協議（Paris Agreement），將努力控制地球
溫度不升高攝氏 1.5 度，以減緩氣候變遷的衝擊。這份協議將取代
1997 年的「京都議定書」（Kyoto Protocol），未來締約國將共同遏
阻全球暖化危機，並致力改變幾個世紀以來由化石燃料推動的全球
經濟型態。我國環保署魏國彥署長率團出席，展現我國在減碳之具
體努力，也重申台灣與國際同步的減碳目標。

同時，「溫室氣體減量法」已在 2015 年 7 月 1 日總統令公布施行，
自此臺灣正式邁入減碳新時代。行政院環保署指出，這是我國第一
部因應氣候變遷的法律，明定 2050 年長期減量目標及以 5 年為 1 期
的階段管制目標，並搭配具經濟誘因的管理措施，逐步建立從免費
核配到有價配售的總量管制與交易制度，未來將以減緩、調適及綠
色成長 3 大主軸，推動臺灣因應氣候變遷的具體作為。

除了中央部會的努力，台北市也在 2015 年 12 月底通過環保局最新
的溫室氣體減量中長期目標，2030 年的溫室氣體排放要比 2005 年
減少 25%；到 2050 年溫室氣體排放量更要減少 50%，此目標也將納
入研擬中的「臺北市宜居城市自治條例草案」。透過全國共同推動
溫室氣體的減量排放，更突顯持續推動綠色交通之重要性以及運輸
部門因應 COP21 時代的挑戰。

---

[1] 依據「溫室氣體減量法」第三條，溫室氣體：指二氧化碳（CO2）、甲烷（CH4）、氧化亞氮（N2O）、氫氟碳化物（HFCs）、全氟碳化物（PFCs）、六氟化硫（SF6）、三氟化氮（NF3）及其他經中央主管機關公告者。

5-10 減量目標與政府權責分工圖

檢討機制

得參酌聯合國氣候變化綱要公約與其協議或相關國際公約決議事項及國內情勢變化，作必要之調整。

國家溫室氣體長期減量目標
（2050年回到2005年排放量50%以下）

1. 行政院邀集中央有關機關、民間學者及專家學者，研訂及檢討分工、整合、推動及成果彙整相關事宜。
2. 明訂中央有關機關推動事項。
3. 訂定階段管制目標（5年為一階段），經召開公聽會程序，送行政院核定。

行政院核定
國家因應氣候變遷行動綱領
溫室氣體減量推動方案
（中央主管機關）

能源　製造　運輸　住商　農業
部門溫室氣體排放管制行動方案
（中央目的事業主管機關）

每年編撰執行排放管制成果報告

1. 部門溫室氣體排放管制目標、期程。
2. 具經濟誘因措施。
3. 定期檢討。

未達成排放管制目標

改善計畫
（中央目的事業主管機關）

溫室氣體管制執行方案
（直轄市、縣（市））主管機關

資料來源：行政院環境保護署

打造屬於我們的宜居城市

根據經濟學人資訊社（Economist Intelligence Unit）針對全球 140 個城市進行調查，並從安定性、醫療照護、文化與環境、教育以及基礎建設等指標來評定全球最適合居住城市，在《2013 年全球最宜人居城市排名》報告中，台北市是 5 年中進步最多的 10 大城市中的第 7 名。台北市在 2015 年更提出了「2050 台北宜居城市」的願景目標，以首都圈的概念，透過交通、都市設計、產業鏈結等各面向，打造台北為宜居城市。台北市並配合「2016 全球自行車城市大會（Velo-City Global）」的主辦機會，推出三縱三橫市區自行車道路網，為自行車通勤通學安全的騎乘環境奠立基礎。

而高雄市則是以豐富多變的地貌，造就山、海、河、港匯聚而成的獨特城市景觀及多元種族文化，打造出熱情高雄宜居城市，成為名符其實的海洋觀光首都。高雄已屢屢獲得國際宜居城市獎的多方肯定，包括世界貿易展覽會議中心、哈瑪星鐵道文化園區、旗津海岸與樂日嘎橋都是金牌得主。2016年高雄也將舉辦全球港灣城市論壇、2017年將舉辦生態交通國際論壇，隨著亞洲新灣區的逐步完工、輕軌系統的階段性通車，高雄持續朝向國際城市邁進，展現屬於港都的宜居魅力。

另外，進一步觀察其他縣市，發現新竹市是「縣市幸福指數大調查」的常勝軍，榮獲兩屆的全台第1名。在2015年1月，新竹市舉辦「新竹市宜居城市與生態交通國際論壇」，邀請國際綠色運輸重要推手、全球無車日創始人、巴黎公共自行車系統催生者—Eric Britton 教授、加拿大智慧運輸系統協會、國內重要產官學研代表、以及新竹市長與相關局處首長們共同針對新竹市發展宜居城市之願景、宜居城市與智慧城市之發展政策、公共運輸導向發展的永續城市等三個重要議題進行交流，一同啟動新竹市發展宜居環境與生態交通。會中並簽署「新竹市宜居城市發展宣言」希望透過公共運輸環境、步行環境、市容環境的整體提升，讓所有市民朋友可以感受到城市的「友善」與「舒適」環境。新竹市政府城鄉發展、交通等部門也積極承諾要善盡責任，為市民打造便捷的公共運輸路網、全力發展綠色運輸、改善街道的步行空間。

國際專家 Britton 教授也對於新竹市提出的「一平方公里的城區友善人行環境」表示認同與讚許，也依照豐富的國際經驗，提供新竹市發展宜居城市的三張王牌。

5-11 新竹市發展宜居城市的 3 張王牌

第一課 系統化、策略性之交通減量
（根本之道）

第二課 為新竹打造一個比使用小汽車
行動力更佳的環境

第三課 公共空間翻新與再生

綠話題

打造快樂宜居新竹城

2015 年 1 月的「宜居城市與生態交通國際論壇」，由新竹市李宏生副市長代表林志堅市長與 Eric Britton 教授共同簽署新竹市發展宜居城市宣言，新竹市將從即刻開始，致力發展國際「宜居城市」，將透過公共運輸環境、步行環境、市容環境整體的提升，讓所有的市民朋友可以感受到城市的「友善」與「舒適」，為市民打造便捷的公共運輸路網，全力發展綠色運輸、改善街道的步行空間。

Britton 教授為國際無車日的創辦人，多次來台參與各城市的無車日活動、並針對都市永續發展、慢行交通、人本空間整合等議題，分別與台北市、高雄市、新北市、台南市、宜蘭市等都市首長進行深度對話，針對各都市提出精闢建言。

林市長於上任以來，針對步行環境的改善也提出了「一平方公里

Eric Britton 教授深入新竹市街道巷弄之中,共同體驗並診斷新竹市的都市環境。(攝影/謝昱安)

的城區友善人行環境」的政策概念,而在論壇開始前幾天也已經透過市府主要局處首長與專家學者帶領 Britton 教授完整的勘查新竹市在地的環境空間,讓 Britton 教授可以提供政策實施的具體方向。Eric Britton 教授表示在停留新竹市多日,並實地勘查與體驗後,充分地感受到新竹市具有成為一個宜居城市的潛質。

論壇中總結出多項新竹市邁向宜居城市的具體政策方向,如大眾運輸導向發展、平整的人行空間等,將作為市長未來施政之參考,Britton 教授也表示相當樂意與新竹市繼續合作,打造一個快樂的宜居城市。

Eric Britton 與筆者(張學孔)等專家學者,受新竹市政府邀請為新竹市邁向宜居城市共同努力。(攝影/台大先進公共運輸研究中心)

資料來源:台大先進公共運輸研究中心,2015。

騎吧！台灣真美，幸福有感

公共自行車系統近幾年在我國各都市積極發展，包含台北市、新北市、桃園市、台中市、彰化縣、高雄市、屏東市等已有優質公共自行車服務，除此之外，台南市、新竹市也已進入建置階段，而基隆、宜蘭也正進行規劃。公共自行車的蓬勃發展串接了公共運輸的最後一哩路，也改變了民眾使用交通工具的習慣。你知道嗎？台北的微笑單車（U-bike）最熱門的租借時段不是在上下班時間，而是在晚上 10 點之後，表示大家下班後的休閒運動是騎著公共自行車在都市街道漫遊。這樣雙腳的踏踩輪轉，讓整個城市更慢活也更宜居了。

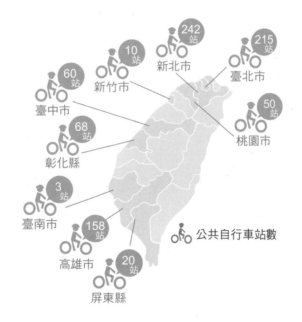

再者，我國自行車道的建置從 2002 年開始，分別由環保署、體委會（現教育部體育署）、內政部營建署、交通部等單位進行補助建置，截至 2015 年底，全臺自行車道長度已達 5,000 公里。為強化國人對自行車路線之認識、也同時吸引國際觀光客來臺騎車，2015 年由教育部體育署主辦「10 大自行車經典路線徵選活動」，這是政府第一

次結合教育部體育署、交通部運研所、交通部觀光局、內政部營建署等不同部會，在臺灣大學、中華大學與台灣樂活自行車協會共同策劃努力下，選出 2015 年的「10 大自行車經典路線」（見 230 頁）。

1 | 2
3

1 體育署長何卓飛帶領大家一起感受自行車樂活。（攝影／陳雅雯）
2 2015 年「10 大自行車經典路線」徵選活動。（資料來源：教育部體育署）
3 東北角舊草嶺環狀線自行車道。（攝影／陳雅雯）

為了倡導完善的自行車路線所要展現的不僅是路線的優美與硬體建設，更重要的是必須涵蓋自行車路線結合文化、古蹟、美食、知性的完整遊程規劃與相關配套，提出了幸福（H.A.P.P.Y.）準則，包含「Healthy 健康」、「Accessibility 親和」、「Participation 參與」、「Popularity 分享」和「Youthfulness 活力」共 5 大徵選準則。從第一階段收到來自全國各縣市共 50 條報名路線，籌組專業徵選委員進行書面評選，決定 32 條候選路線進入第二階段徵選，舉辦全民網路票選、全國各縣市首長拜會與宣傳、專業路勘委員到每一條路線進行實地勘查，最後經過徵選委員會縝密的討論與評分後，終於選出 2015 年 10 大經典路線，除此之外，還選出 6 條佳作路線、2 條無障礙與四季景觀的特別獎路線、以及最具人氣和最佳潛力路線。透過本次活動讓臺灣更多的自行車道被看到，也結合觀光、休閒、體育、文化及會展，吸引更多的國內外自行車遊客到各縣市騎乘自行車，從事自行車休閒旅遊活動。透過自行車友善環境的建構，行銷臺灣的自行車文化，讓世界騎進來、臺灣飛出去。

打造完善且適合自行車騎乘的生活環境，是台灣邁向宜居與永續環境的關鍵指標。（攝影／陳雅雯）

【附錄一】 專家諮詢

台大先進公共運輸研究中心在策畫本書之初，便問卷邀請相關領域學術與實務專家針對下列問題表示意見：「您理想中的綠色交通是甚麼？」、「就您所居住的都市，請列出提升綠色交通環境最迫切執行的三件事」，讓讀者分享更多專業者的寶貴經驗與意見如下（依姓氏筆畫序排列）：參與問卷的有何友仁、李建文、吳宗澤、林志盈、孫以濬、陳世圯、馮正民、張政源、張聖時、張辰秋、張永昌、劉麗珠、顏邦杰、譚國光、羅孝賢、蘇振維

（一）理想中的綠色交通
（二）提升綠色交通環境最迫切執行的三件事

Youbike
何友仁　總經理

（一）理想中的綠色交通：

(1) 自行車（公共自行車及私人自行車）。(2) 捷運。(3) 電動車（電動汽車、電動機車、電動自行車）。

（二）提升綠色交通環境最迫切執行的三件事：

(1) 建置自行車友善騎乘環境（如道路、指標與導引系統）。(2) 建置充足的公共自行車，有效與原大眾運輸系統結合，並可以大幅降低私人運具使用需求，如機車及汽車。(3) 鼓勵電動車的使用及建置方便的使用環境，如補助民眾購買電動車、充實電動車充電站。

首都客運
李建文　總經理

（一）理想中的綠色交通：

公車是最理想的綠色交通，透過每車次搭載人數高達 20 人以上的載運量，有效率的執行運輸任務。此外，公車路網覆蓋面積受地形限制小，在住家周邊 500 公尺步行範圍內，可達最大涵蓋率。

目前公車均裝載 GPS 車機，對乘客而言，透過公車動態資訊系統，可暸解公車即時位置，減少候車的不確定性；對經營者而言，可有效進行車隊管控。

政府部門應強化提供對公車優先的相關政策，目前除公車專用道由公車專用

外，在一般車道亦應有相關公車優先的措施，例如公車優先號誌，以提供公車優先通行權，相較私人機動車輛，則可提昇公車的競爭力。

（二）提升綠色交通環境最迫切執行的三件事：

以新北市為例，現況欲搭乘公車由住家出門後，步行到公車站牌的路程，因路霸占用人行空間、汽機車停車或根本就沒有行人行走空間，所以行人常必須被迫行走於道路，與車爭道，險象環生。由此看來，要提升綠色交通，首要必須先改善人行走的環境，惟有良善的步行空間，才可提昇民眾搭乘公車的意願。

其次，提供方便搭乘的公車系統，普及的公共運輸，適時實施汽機車停車收費，透過推拉的配套措施，以降低民眾對於汽機車的使用。

而除人行環境改善外，自行車騎乘的環境，應該也要適度提供，以做為住家到公共運輸場站接駁的交通工具。

拾玖（校園單車共享）團隊
吳宗澤 執行長

（一）理想中的綠色交通：

我認為綠色交通應該是在運行的過程中，對環境無害、或甚至是為環境或使用者帶來加分的運輸選擇。

一般總認知電力驅動的綠色載具，即視為綠能運輸的解答，但我認為即使是電力驅動的交通工具，像是電動車、電動巴士等嚴格來說仍不能稱得上是綠色交通，因為我們只是將原本的碳排過程，由使用中轉移至使用前。換言之，電動車雖然靠電力驅動，但在製造驅動電力的階段仍有碳排的過程。

就現階段而言，我認為最理想的綠色交通非自行車莫屬。自行車的動力來源就是自己，不會有任何其他的碳排發生，真要說有碳排，大概也就是騎自行車時，滿身大汗時大口大口所吐出來的二氧化碳吧！

（二）提升綠色交通環境最迫切執行的三件事：

個人認為要提升綠色交通並不能只靠單方面的推動，必須要是一個能夠涵括「法定規範」、「社會認同」、「有利可圖」的全面提升計畫。

在法令規範方面，我認為目前單車人口不斷增加，微笑單車推動後，台北市

使用自行車通勤、移動的人口大增，但當交通糾紛出現時，卻相關的法規可遵循。如果政府可以及早確立綠色交通相關的法令條文，對於綠色交通的使用者更有保障、更加安心。以自行車騎士為例，我們就不必擔心缺乏交通路權的保障而造成事故索賠無門，而其他用路人或駕駛，也會因為有法令的強制規範，對自行車騎士予以尊重。

再者，要提升綠色交通的環境，社會大眾的接受度與支持是關鍵因素，也是政府施政的成敗因素。雖然大家期盼環境更好，但付諸行動者卻很有限。所以我認為，必須透過行銷包裝與創造誘因，刺激大眾，使之認同綠色交通。

創造誘因，讓推廣的對象覺得「有利可圖」。以台灣大學拾玖團隊推動公享單車為例，在推動綠色交通的過程中，明確地讓使用者感受到他們可以得到回饋，我們鼓勵同學多騎自行車，而提供免費做為誘因，不用買車卻可以同時享有自行車的便利性。也因此也帶動使用者數量的成長 。

因此，提升綠色交通必須要先讓（潛在）使用者感到保障，所以要有法令規範；透過行銷促使大眾對綠色交通產生興趣，並進一步產生認同感；最後再提供誘因，讓使用者覺得有利可圖，促使他們產生行動。如此一來，綠色交通的提升與推動，將更為順暢。

台北市交通安全促進會
林志盈　理事長

（一）理想中的綠色交通：

綠色交通是一種相對的概念，是指在不同的時空環境，能以最低的能源消耗、最少的社會成本與最小的環境衝擊下，完成每單位旅次需求的交通都可以稱之，如步行、自行車與共享的公共運輸等，都可以說是理想綠色交通家族的基本成員。

（二）提升綠色交通環境最迫切執行的三件事：

(1) 鼓勵減少與縮短交通旅次：鼓勵利用資通訊，在家上班、上網洽公、線上購物等可以減少旅次的產生。在都市計畫檢討時，鼓勵混合型的土地使用，可以減少交通需求與縮短交通旅次的長度。

(2) 加強政府的綠色交通信念：政府在施政與法令上，應落實發展綠色運輸優先的環境，如拓建人行道與自行車道、提供低廉與便捷的公共運輸、鼓勵

分享與共乘交通、獎勵低污染的交通運具與提高私人運具的使用成本。

(3) 培養民眾的使用習慣：從教育綠色交通觀念開始，從建構友善使用環境去落實，從減少交通所需時間與費用去誘導。

▌中興工程顧問公司
▌孫以瀁 資深顧問

（一）理想中的綠色交通：

理想中的綠色交通是體現低碳節能、環保永續的運輸環境，讓社會經濟活動衍生的交通運輸行為得以與環境生態共榮共生，其中的客貨運輸主要使用各種低汙染、環保運輸工具，選擇步行、自行車、公共運輸之用路人都能得到便利、友善、優先的及門服務。

（二）提升綠色交通環境最迫切執行的三件事：

(1) 公車服務的升級：公車是綠色交通環境中的重要客運工具，公車服務的品質、吸引力與競爭力仍有大幅提升的空間，迫切需要提供公車間轉乘優惠、提升服務可靠度、提升車輛與駕駛人服務品質、減少路線彎繞重疊、強化與其他綠色交通工具的無縫整合等。

(2) 人行環境的升級：步行是綠色交通環境中最基本的運輸工具，步行環境的品質、安全性與連續性仍有大幅提升的空間，迫切需要增加人行空間淨寬、強化人行安全設施、改善人行道及騎樓步行連續性、提供行人遮陽遮雨設施等。

(3) 私人運具的管理：使用化石燃料的汽機車是與綠色交通環境最不相融的運輸方式，私人運具的管制、收費、違規取締仍有待進一步強化，迫切需要提高停車收費費率、有效提供全面即時交通資訊、擴大運用智慧監控執法系統於大眾運輸場站周邊。

▌財團法人國家政策發展基金會
▌陳世圯 前召集人

（一）理想中的綠色交通：

綠色交通就是在同樣的時空背景之下，相對最能夠節省建置成本、減少能耗、減少污染排放的運輸方式。

（二）提升綠色交通環境最迫切執行的三件事：

(1) 提升公共運輸服務水準。(2) 抑制私有小客車的使用，減少道路壅塞。(3) 鼓勵（獎勵）使用符合新節能、新環保標準的運具。

交通大學
馮正民 教授

（一）理想中的綠色交通：

理想中的綠色交通是公車、自行車和行人。

（二）提升綠色交通環境最迫切執行的三件事：

就我所居住的都市，其建構綠色交通環境最迫切執行的三件事是建構無縫的公共運輸、形塑安全的自行車路網、提供友善的行人環境。

臺南市政府交通局
張政源 局長

（一）理想中的綠色交通：

我認為理想中的綠色交通是要滿足低碳（Low carbon）、便捷（Optimal network）、人本（Human Oriented）、先進（Advanced system）、智慧（Smart transportation）五面相，且能融入當地生活習慣，形成的樂活（LOHAS）綠色交通系統。

（二）提升綠色交通環境最迫切執行的三件事：

為達到上述樂活綠色交通系統，我覺得應儘速執行的事情有三：

(1) 提升公共運輸系統服務品質：以臺南市為例，我們透過公車捷運化來加強公共運輸路網覆蓋度、四大轉運站、台鐵轉乘優化及公共自行車（T-Bike）的建置提供無縫銜接及最後一哩服務來提升便捷性及低碳性；同時，透過智慧交通中心整合即時資訊系統來提高智慧性，並提供綠能低底盤公車來提升先進性及低碳性。

(2) 提供友善人本環境：短程的步行及自行車是公共運輸重要的最後一哩服務，故臺南市是利用都市計畫要求拓寬人行空間、執行騎樓暢通計畫及建置約 350 公里的自行車道來提高人本性。

(3) 私人運具管理：雖然私人運具以現行交通環境是無法剔除的，但我們可以藉由提供優質的路外停車環境、停車收費智慧管理及加強違規取締等手段來建立有序的私人運具環境，以減少對綠色交通的干擾。

立凱電能科技公司
張聖時 董事長

（一）理想中的綠色交通：

現代運輸可以說是從工業革命而開始的，因工業革命誕生動力引擎，而動力引擎需要燃油，隨著科技的進步，人類對石油的需求量與日俱增，造成現在全球暖化和氣候變遷的災難。

交通工具的動力來源本是多元的，柴油引擎發明時，原意是可以使用不同種類的燃料。而電動機的發明，比引擎早了數十年，電動車在十九世紀中期就問世了，但是由於內燃機改進後，燃油快充方便，讓電動車的發展趨於緩慢，演變到今天，不單是科技與能源的角力，汽車供應鏈的產業與技術也跟隨著石化工業寫下一百多年的成長史。

對於綠色交通，我們期望造就「典範轉移」，也就是隨著時代的需要而產生改變，因此，綠色交通應該是現代企業必須推行的解決方案。

過去，企業在資本主義體制下，以獲利為最大目標，在環境還能負荷，且法規未限制的情況下，工業產生廢水及廢氣排入環境中，企業不斷的「內部成本外部化」，把大家當作成本，臺灣的成長便是這樣來的。臺灣長期發展不重視「環境」，尤其是空氣污染，其起因於 PM2.5 細懸浮微粒的污染物，對人體造成了巨大負擔。

卻由全民健保來負擔，所以應要求企業把「外部成本」內部化。我們應精算出每天因為空氣污染而造成的經濟損害，做為企業與大眾的參考。

我選擇生產電動巴士，因為，一台巴士相當於四十台小車的載量，加速電動巴士的發展，能夠受益到每一個人，而補貼其他的汽車產業，卻僅現於買得起名車的少數人。綠能產業目前雖然仍需要政府大力的協助，但若最終還是須透過納稅人補貼的話，也不是真正永續的作法。

因此，創業者應當以社會、環境利益為優先，思考如何透過創意與商業機制

達到利他目標。而電動巴士代表的不只是一台公車，而是達成綠色交通的解決方案之一。

（二）提升綠色交通環境最迫切執行的三件事：

(1) 政府推動支持、(2) 民眾具備綠交通的意識、(3) 科學研究佐證。

交通運輸的規劃是政府部門的職責，綠能載具能不能普及，跟配套措施的完善有關係，例如有鋪路的地方汽車才能行駛　，有供應能源的加油站汽車才能有續航力，電動車在路上跑，最需要的是充、換電站及設備的建設，而這些建設屬於地方基礎建設的一環，因為需要土地、需要電力配線，相關建設完成後的經營，都需要政府的幫忙，更何況電動車發展初期，沒有足夠的消費市場，必須仰賴政府補貼。

然而，政府的投入有賴民眾的支持，更直接的說，也就是民眾的選票是否投給落實綠交通政策的縣市長。

民眾具備綠交通的意識，我指的是民眾是否對於汽油車和柴油巴士的排碳、環境破壞和空氣污染「有感」。我們期望更多人可以重視環境問題，但污染對健康的傷害不容易察覺，那就用科學數據來跟大家說明。

香港達理指數就是可以參考的方式，藉由科學數據，讓民眾認識空氣污染所造成的社會成本、醫療成本，相較於全球暖化，空氣污染才是我們所居住的都市最直接面對的問題，許多國外的研究指出，空氣污染對老弱婦孺的健康影響最大，但在台灣，還需要有更多的教育方式，或是公共衛生單位宣導，喚起全民具備綠交通的意識。

桃園捷運公司
張辰秋　前總經理

（一）理想中的綠色交通：

利用低碳或無碳排放運具所進行之運輸活動，是理想的綠色交通。

（二）提升綠色交通環境最迫切執行的三件事：

(1)TOD 導向都市發展：以大眾運輸系統作為都市主要及次要幹道，提高周邊

土地使用效益及人本友善之都市設計為原則，進行都市發展規劃。

(2) 優化轉乘無縫規劃機制：提供即時、有效地車班銜接系統，以及整合付費機制為政策，消弭民眾對於轉乘時間、空間、效率、費用之負面感知，進而提升民眾使用公共運輸意願。

(3) 提升大眾運輸服務路網覆蓋率：密集大眾運輸服務路網，並以快速、便捷為號召，降低民眾使用大眾運輸服務的機會成本。

遠通電收公司
張永昌　總經理

（一）理想中的綠色交通：

我理想中的綠色交通就是少耗燃油，且維護地球永續長青。

（二）提升綠色交通環境最迫切執行的三件事：

(1) 友善的步行和自行車空間。(2) 便利的公共運輸系統。(3) 智慧型運輸系統的創新解決方案。

自行車新文化基金會
劉麗珠　執行長

（一）理想中的綠色交通：

我認為火車、巴士、捷運、電動車、自行車、步行　都屬於綠色交通的一部分。

（二）提升綠色交通環境最迫切執行的三件事：

(1) 開放自行車的載重及載人的限制，並鼓勵低碳運輸。

(2) 減少路邊停車，增加慢車道供速度慢的綠色運具行走。

(3) 大幅提高汽機車的停車費，以減少汽機車的使用意願。另外，還有很重要的一點是火車、高鐵、捷運和公車要讓自行車隨時隨地都能上，不可限制在某些班次或車種，是提升綠色交通環境的作法與方向。

台北捷運公司
顏邦杰 總經理

（一）理想中的綠色交通：

我認為節能、減碳、使用簡單便利、低噪音、健康、全程低成本（生產、使用、維護）才是理想中綠色交通的載具。

（二）提升綠色交通環境最迫切執行的三件事：

我認為居住的都市中應減少汽機車之使用、全面檢討電腦號誌時相、提昇步行空間品質，才能提升綠色交通的環境。

台北捷運公司
譚國光 前總經理

（一）理想中的綠色交通：

與再生能源（如風力、水力、太陽光及地熱等）結合之大眾運輸系統（如公車、軌道系統等）為未來發展綠色交通的重要課題之一。不過目前以火力或核能發電產生電力驅動之運具，其個別所排放之污染雖遠低於一般汽、柴油車輛，惟若仔細考量能源轉換之效率，仍有是否低於一般汽、柴油車輛排放總量之疑慮，故為達到真正「節能減碳」之目標，結合具低污染或零污染性質之再生能源與大眾運輸系統，為有效降低汙染排放量並改善生活品質之策略。

（二）提升綠色交通環境最迫切執行的三件事：

我建議以「綠色交通產業技術整合與輔導」、「法令與交通規則修改」及「建立示範區」等做為邁向綠色交通的三個優先規劃方案：

(1) 為達到降低汙染排放量之策略，綠色運具使用再生能源之可能性，有關綠色交通產業結合再生能源技術研究與開發、技術移轉、綠色運具零組件技術整合、產業經濟與規模等，均須由政府就國家能源、交通運輸等政策通盤考量、規劃及主導，方能有效實施與執行。

(2) 除現行再生能源發展條例、交通相關法規之外，為使國家能源、交通運輸之整合有其遵循之規範，相關法規、標準應隨政策推動、產業營運、發展技術等同步調整與修正。

(3) 最後設置示範區招攬專家、學者及具發展潛力之業者，從再生與節約能源、綠色交通、綠建築及資源循環逐步推廣。

■ 中華民國運輸學會
羅孝賢 理事長

（一）理想中的綠色交通：

綠色交通是一種理念、一種態度、一種出於對環境的自省而衍生出的生活風格。

綠色交通不必侷限在哪一種特定交通工具或交通方式上。它是一種習慣，念茲在茲，選擇合於旅次目的與環保的交通方式，都可以算是綠色交通。

從「網路替代馬路」的減少旅次量，到共乘、高乘載的減少車旅次量，以至於傳統認定的公共運輸包括：捷運、公車等大眾運輸，以及晚近正夯的公共自行車、步行等種種節能減排、對環境友善的交通方式，均可視為綠色交通的實踐。

綜觀來說，從環境關懷理念出發，提供多樣化的交通方式，選擇建構均衡的運輸系統（Balanced Transportation System）也就是視都市及地區特性，搭配「適合的」運輸系統，即為綠色交通。一如我們無須在小城建捷運系統，也不可能以步行、自行車等非機動運具滿足城際交通需求一般。

（二）提升綠色交通環境最迫切執行的三件事：

以台北市及週邊都會而言，目前在落實綠色交通的目標下，尚有極大努力空間。應從 (1) 加強環境教育：舉手（腳）就能做環保，從日常的行做起。(2) 完善基礎設施：人行道、自行車道建置，道路空間重分配。(3) 落實推進作為：汽機車停車全面收費，加強違停執法，私人運具使用成本合理化，移轉需求至大眾運輸。

交通部運輸研究所
蘇振維 組長

（一）理想中的綠色交通：

理想中的綠色交通應視旅途遠近而定，(1) 短短程使用 11 路、(2) 短程使用自行車、(3) 短中程使用公車加或捷運、(4) 公車加捷運不方便或趕時間時使用計程車、(5) 中程使用台鐵、(6) 中長程使用高鐵。

（二）提升綠色交通環境最迫切執行的三件事：

我認為台灣的大城市中，迎接綠色交通的來臨，首先要執行的三件事是 (1) 擴大公共自行車規模與租賃站。(2) 強化都市人行空間佈設（如人行道、日雨遮）。(3) 加強高鐵、台鐵與公車、自行車運輸接駁之路線、班次、時間、資訊等。

【附錄二】 高雄公共自行車 City Bike 租賃點一覽表

捷運沿線租賃站	捷運沿線租賃站	捷運沿線租賃站
捷運紅線	郵政總局站	西子灣站
捷運南岡山站	南華市場站	鹽埕埔站
捷運青埔站	中央公園站	市議會（舊址）站
捷運都會公園站	中央公園站 (2)	新興區公所站
捷運楠梓加工出口區站	三多站	文化中正站
捷運世運主場館站	三多站 (2)	文化中正站 (2)
高鐵左營站	新光中山站	五塊厝站
生態園區站	（近捷運 R8 三多商圈站 2 號）	技擊館站
巨蛋站	獅甲站	衛武營站
巨蛋站 (2)	凱旋站	大東文化藝術中心站 -01
凹仔底站	福誠高中站（近前鎮高中站）	大東文化藝術中心站 -02
後驛站	草衙站	捷運鳳山站
後驛站 (2)	高雄國際機場站	捷運鳳山西站
後火車站	捷運小港站	
美麗島站	捷運橘線	

其他租賃站	位置
阿公店水庫站	燕巢區阿公店水庫大門口右側停車場
岡山區公所站	區公所後方停車場
高雄第一科技大學站	楠梓區校內（近卓越路）
高雄大學站	楠梓區高雄大學路與大學南路交叉口
中山高中站	楠梓區藍昌路與藍田路交叉路口
加昌國小站	楠梓區樂群路 220 號
右昌圖書館站	楠梓區藍昌路 72 號
世運主場館站	左營區國軍左營醫院對面（靠世運大道）
左營高中站	左營區海功路上，左營高中校門口
左營國小站	左營區左營國小側門（實踐路與軍校路交叉口）
孔廟站	31 號公園人行道（臨孔營路）
蓮池潭站	左營區環潭路蓮池潭風景區管理所後方入口處
龍虎塔站	左營區蓮池潭旅遊服務中心旁
蓮潭會館站	左營區蓮潭會館左側（靠崇德路）
微笑公園站	左營區博愛三路與至真路交叉路口
明誠光興站	左營區明誠路與光興街口
華榮公園站	鼓山區文信路與華榮路口華榮公園旁
森林公園站	鼓山區神農路與龍勝路口
龍華國小站	鼓山區大順一路與南屏路交叉路口左近人行道（位於南屏路）
美術館藝片天站	鼓山區美術東一路（中華藝術學校後面）
美術館馬卡道站	鼓山區美術館之立體停車場入口前平面停車格，美術館路上
裕誠辛亥站	三民區裕誠路與辛亥路口
明堤公園站	位三民區明堤公園之明仁路上
愛河之心站	位三民區博愛一路上，距同盟一路約 80 米處
客家文物館站	三民區客家文物會館左側（近同盟二路）
高雄醫學大學站	三民區同盟一路（高醫大學大門旁）
高雄醫學大學站 (2)	三民區，原站址左側擴充
博愛國小站	三民區十全路與自由路周邊商圈（十全路上）
科工館站	三民區九如一路科工館前
家樂福愛河站	位三民區河東路上，距河北二路約 72 米處
高雄中學站	三民區高雄中學大門右側（近建國三路）
金獅湖站	三民區金鼎路與鼎力路交叉路口（位於鼎力路上）
文藻外語站	三民區獅湖國小側門人行道（位於鼎中路上）
莊敬公園站	三民區明誠一路與大園街交叉路口左近人行道（臨明誠一路上）
鼎金國小站	大昌一路，面對鼎金國小側門左側人行
高雄高工站	學校側門臨中華電信機房（靠建工路）
中山大學站	中山大學內
西子樓站	中山大學西子樓前空地（靠蓮海路）
漁人碼頭站	鹽埕區七賢三路高雄港務警察局對面

其他租賃站	位置
高雄電影館站	鹽埕區下水道展示館前（河西路上）
海科大旗津站（1）	旗津區位於中洲三路上，面對校門口之左側
海科大旗津站（2）	旗津區位於中洲三路上，面對校門口之右側
市警局站	前金區中正四路與市中一路（市警局前）
國賓飯店站	前金區河東路與民生二路國賓飯店旁
高雄女中站	前金區高雄女中前、位五福三路上
高雄女中站（2）	面對原站址左側擴充（高雄女中對面、靠英雄路）
七賢忠孝站	新興區七賢路與忠孝路口
民生圓環站	位新興區中山一路上，於民生二路側
民族八德站	新興區民族一路和八德路口
民生民權站	新興區民生路與民權路口
道明中學站	苓雅區建國一路上，道明中學與聖功醫院中間空地
市府四維站	苓雅區市府正門口
市府四維站（2）	面對原站址左側擴充
文化師大站	苓雅區和平一路文化中心旁
文化師大站（2）	面對原站址右側擴充
英明公園站	苓雅區英明路上，英明公園近英明國中側
四維公園站	苓雅區自強路與四維路交叉路口附近
新光成功站	位前鎮區成功二路上，距新光路 18 米
民權公園站	前鎮區民權二路與二聖二路之民權公園旁
光華公園站	前鎮區民裕街與一心一路口
光華公園站（2）	面對原站址右側擴充（光華三路上）
家樂福成功站	前鎮區中華五路與復興三路家樂福賣場前
夢時代站	前鎮區成功二路與時代大道口東北側
二聖公園站	前鎮區光華二路及英德街交叉路口
班超公園站	前鎮區班超路上（岡山中街與忠誠路 284 巷中間）
佛公國小站	小港區后平路與佛德路交叉路口
海洋局站	小港區漁港中二路與漁港東二路交叉路口
社教館站	小港區學府路與大鵬路口
餐旅國中站	小港區餐旅國中正門右邊（松和路上）
中鋼台船站	小港區面對台船大門口之左側人行道上（中鋼路上）
鳳山火車站	鳳山區曹公路與協和路交叉口
市議會（新址）站	鳳山區國泰路 2 段對面（東區稅捐稽徵處）
鳳凌廣場站	鳳山區體育路上鳳凌廣場左邊
市府鳳山行政中心站	鳳山區澄清路與光復路二段交叉路口
鳳新高中站	鳳山區新富路（鳳新高中旁）
澄清湖站	鳥松區面對澄清湖正門左邊意向園區（澄清路上）
正修大學站	鳥松區面對正修科大校門口右側（澄清路上）

【附錄三】 高雄市自行車道

1. 捷運橘線自行車道
2. 西臨港線自行車道
3. 東臨港線自行車道
4. 美麗島大道及火車站以南自行車道
5. 小港大坪頂自行車道
6. 前鎮及翠亨路自行車道
7. 鳳山自行車道
8. 澄清湖自行車道
9. 愛河、蓮池潭自行車道
10. 後徑溪自行車道
11. 博愛世運自行車道
12. 茄萣自行車道
13. 彌陀自行車道
14. 湖內自行車道
15. 高屏溪自行車道
16. 旗津環島自行車道
17. 岡山自行車道
18. 大崗山生態園區自行車道
19. 旗山自行車道
20. 美濃自行車道
21. 橋頭自行車道
22. 燕巢、田寮（阿公店）自行車道
23. 仁武自行車道
24. 大寮自行車道

【附錄四】 高雄市六大轉運站與服務區域

轉運樞紐	生活圈時間	服務區域（行政）
高雄車站	30 分	旗山、內門、杉林、美濃、田寮、燕巢、大社、大樹、仁武、楠梓、左營、鼓山、三民、鹽埕、新興、前鎮、小港、大寮、鳳山、鳥松
左營高鐵站	30 分	岡山、燕巢、大社、大樹、仁武、鳥松、大寮、鳳山、橋頭、梓官、彌陀、岡山、小港、前鎮、鹽埕、新興、三民、鼓山、左營、楠梓
鳳山站（捷運大東站1號出入口）	30 分	左營、三民、鳥松、鳳山、新興、鹽埕、大寮、前鎮、小港、林園、大社、大樹、仁武、鼓山、新興
岡山站（岡山火車站前）	30 分	湖內、茄萣、路竹、阿蓮、田寮、永安、岡山、燕巢、彌陀、梓官、橋頭、楠梓、大社、大樹、仁武、鳥松、三民、左營、鼓山、鳳山、前鎮
小港站（捷運小港站1號出入口）	30 分	左營、仁武、鳥松、三民、鳳山、鹽埕、鼓山、三民、新興、鳳山、大寮、前鎮、小港、林園
旗山站（旗山區大同街與大仁街口）	30 分	燕巢、田寮、旗山、內門、美濃、杉林、左營、仁武、大社、阿蓮
	30-60 分	甲仙、六龜、茂林、那瑪夏、桃源

【附錄五】 第一屆十大自行車經典路線

十大自行車經典路線	佳作
宜蘭冬山河自行車道	台東關山環鎮親水自行車道
台東池上大坡池（浮圳環線）暨藍線自行車道	台東山海鐵馬道」環市自行車道
屏東大鵬灣環灣自行車道	高雄愛河及蓮池潭自行車道系統
南投集集綠色隧道暨環鎮自行車道	苗栗綠光海風自行車道
日月潭自行車道系統	新竹 17 公里海岸線自行車步道
台中東豐自行車綠廊－后豐鐵馬道	新北二重環狀自行車道
新北大漢及新店溪自行車道	
新北淡水河左岸自行車道	特別獎－無障礙
東北角舊草嶺環狀線自行車道	台北河濱自行車道
台北河濱自行車道	

 十大自行車經典路線

[2] 宜蘭冬山河自行車道

[9] 臺東池上大坡池（浮圳環線）暨藍線自行車道

[12] 屏東大鵬灣環灣自行車道

[20] 南投集集綠色隧道暨環鎮自行車道

[21] 日月潭自行車道系統

[23] 臺中東豐自行車綠廊－后豐鐵馬道

[27] 新北大漢及新店溪自行車道

[29] 新北淡水河左岸自行車道

[30] 東北角舊草嶺環狀線自行車道

[31] 臺北河濱自行車道

（資源來源：教育部體育署）

勘誤－更新表

頁	段	行	原內容	修改後內容
6	2	4	明文列管工廠至排碳量…	明文列管工廠之排碳量…
30	2	5	將溫室效應氣體，排放量控制在比 1990 年排放量…	將溫室效應氣體排放量控制在比 1990 年排放量…
40	註9		我國燃　燃燒二氧化碳…	我國燃燒二氧化碳…
48	4	1	人們可以透過 APP 等行動置…	人們可以透過 APP 等行動裝置…
41	1	1	公共運輸使用率…	綠色交通使用率…
42	1	1		
42	1	4-5		
42	1	11		
43	圖說			
53	1	1		
56	小檔案	5	都市公共運輸種類：火車、電車、公車	都市公共運輸種類：火車、輕軌電車、公車
57	1	5	三條路線，分別博覽…	三條路線，分別為博覽…
59	2	1	溫哥華有超過 50% 旅次…	溫哥華有超過 40% 旅次…
59	4	1、2	U-Bahn 地鐵…	U-Bahn 都市輕軌…
59	5	4	因每日營運里程可…	每日營運里程可…
59	綠話題	1	榮獲 2011 年綠色市城市獎…	榮獲 2011 年綠色城市獎…
61	小檔案	5	都市公共運輸種類：地鐵、高架輕軌、公車、渡輪	都市公共運輸種類：地鐵、輕軌、公車、渡輪
61	4	3	公共運輸使用率…	綠色交通使用率…

頁	段	行	原內容	修改後內容
64	1	2-4	機動車輛登記數以美國 2.54 億輛為最高，中國 1.3 億輛次之，台灣 2,109 萬輛，與加拿大相近。每千人小客車數則分別以義大利 601 輛最高、德國 566 輛次之，加拿大 561 為第三。	機動車輛登記數以美國 25,027 萬輛為最高，中國 14,146 萬輛次之；而台灣 2,223 輛，則與加拿大相近。每千人小客車數則分別以美國 783 輛最高、義大利 679 輛次之，加拿大 607 為第三。
66	1	2	投注在公共運輸建設上…	投注在公共運輸系統發展上…
66	1	5	1,400 萬輛機車以及 680 萬輛小汽車…	超過 1,500 萬輛機車以及 700 萬輛小汽車…
66	圖 1-17	圖 1-17	1-17 台灣五都及鄰近亞洲都市公共運輸市占率 香港 92% 新加坡 68% 首爾 60% 臺灣(平均) 15% 臺北市 38% 新北市 27.3% 臺中市 8.2% 高雄市 7.2% 台南市 4.9%	1-17 台灣五都及鄰近亞洲都市綠色交通市占率 市占率% 香港 92% 新加坡 68% 首爾 60% 臺灣(平均) 15% 市占率% 臺北市 58% 新北市 27.3% 臺中市 8.2% 高雄市 7.2% 台南市 4.9%
73	1	4	公共運輸使用率…	綠色交通使用率…

頁	段	行	原內容	修改後內容
74	2	2-5	一、鼓勵居民選擇公共運輸為主要交通工具,而非使用私人機動運具。 透過規劃設計、經由內化外部影響之機制,將周邊道路系統因私二、人運具而產生的壅塞和環境衝擊降到最低。 三、提高人行步道及公共運輸系統之使用並進行整體規劃。	一、鼓勵居民選擇公共運輸為主要交通工具,而非使用私人機動運具。 二、透過規劃設計、經由內化外部影響之機制,將周邊道路系統因私人運具而產生的壅塞和環境衝擊降到最低。 三、提高人行步道及公共運輸系統之使用並進行整體規劃。
93	1	1-4	庫里提巴 (Curitiba) 位於巴西第一大都市聖保羅 (Sao Paulo) 西南方 250 公里,為帕納拉洲 (Parana) 之首府,土地面積約為 431 平方公里,2010 年人口約有 176 萬人,土地面積約為 431 平方公里,都會區涵蓋之人口已超過 320 萬人,是巴西南方重要的工商大城。	庫里提巴 (Curitiba) 位於巴西第一大都市聖保羅 (Sao Paulo) 西南方 250 公里,為帕納拉洲 (Parana) 之首府,土地面積約為 431 平方公里,2010 年人口約有 176 萬人,都會區涵蓋之人口已超過 320 萬人,是巴西南方重要的工商大城。
109	4	1	發展出即優的自行車環境…	發展出極優的自行車環境…
123	圖說 3	圖說 3	東京人行專用道的標誌。	東京標示於人行道或通學步道與車道交接處的交通號誌,目的在於提醒行人即將進入車道。
142	1	4	公共運輸使用率…	綠色交通使用率…
147	1	1-2	顯示在短期未能改變使用機車習慣的情況下力推電動公車…	顯示在短期未能改變使用機車習慣的情況下力推電動機車
152	4	3	公共運輸使用率…	綠色交通使用率…
154	2	4	公共運輸使用率…	綠色交通使用率…

頁	段	行	原內容	修改後內容
165	圖 4-9	圖 4-9	4-9 各項通行組合花費時間、金錢與碳排放之比較圖	4-9 各項通行組合花費時間、金錢與碳排放之比較圖
170	2	3	公共運輸使用率…	綠色交通使用率…
173	2	4	所以有必要推動力以	所以有必要推動以
184	1	4	2013 年高雄環狀輕軌電車的動工，	2013 年高雄環狀輕軌電車的動工（高雄輕軌電車已於 2016 年 1 月通車），
185	2	1	預計 2015 年底營運通車，	已於 2016 年 1 月營運通車，
186	2	1-2	路線主要沿台鐵西臨港線多採平面方式建造，	路線主要沿台鐵東西臨港線多採平面方式建造，
187	3	2-3	捷運接駁公車每日運量 3,300 人的公車運輸系統	包含捷運接駁服務每日 3,300 人次

一個人爽遊：東港・小琉球

迷人的海景・生態・散步・美食・人文

作者：洪浩唐
定價：280元
頁數：192頁（全彩）

★ 台灣最澄淨的沙灘島嶼與最豐饒的漁村小鎮，
　最暢快的爽遊攻略！

延伸樂遊林邊水岸田園，古厝鐵道單車輕走；大鵬灣波光帆影，濕地潟湖遊船閑行，慵懶好時光。水色小鎮豐富飽滿的人文與自然，讓人意猶未盡。

小琉球精采生態碧海藍天，不計畫也好玩：綠蠵龜海域優游不害羞；漫步潮間帶，海葵海膽海星海字輩驚奇看不完！東港豐饒人文漁家風情，慢遊巷弄有看頭；後寮溪看水岸冰塢、帆檣林立；港邊魚市場深夜登場，主廚饕客競逐搶鮮；走訪老街七角頭，老屋餘韻迎王典故說給你聽。

我在阿塱壹，深呼吸

從地球的「阿塱壹古道」，
　　　見證歷史的「瑯嶠—卑南道」

作者：張筧・陳柏銓
定價：330元
頁數：208頁（全彩）

★ 古道無可取代的獨特生態與人文風景
★ 值得一生必訪的阿塱壹美好體驗

滑圓的南田石是這裡獨有的礫灘，與海浪合奏時而奔騰、時而小調的樂章；每天不同時刻、不同天氣下閃耀著數不清有幾種的湛藍色彩，是太平洋捎來的神祕信息。

阿塱壹古道位於台灣東南隅是最天然的陽光海岸，有著詭譎多變的地形地質，罕見的海岸原始林，那毫無人工造作的自然美，恰好就是這幾十年來，已在台灣遍尋不著自然海岸。而各族群走過的痕跡，留下或交互征戰、或和諧包容的傳奇軼事，有的由耆老諄諄傳誦，有的在民謠中傳唱。

恆春半島祕境四季遊

旭海・東源・高士・港仔・滿州・里德・
港口・社頂・大光・龍水・水蛙窟11個社
區・部落生態人文小旅行

作者：李盈瑩・張倩瑋・
　　　張筧
定價：350元
頁數：208頁

★ 半島慢・漫遊：深度感受人與土地的溫度

若旅行是找回自己、享受自由，那麼，請為恆春多留片劇；不論山野海濱，蘊藏了多采的生態、文化。走吧！收拾行囊，跟著書中旅人的步伐，乘著落山風，享受大自然的美好……

墾丁已經是一個發展與消費主義到了極致的旅遊景點，然而在它的四周、許多社區部落卻以生態旅遊走出著另一種絕妙風味，沒有移植、不是複製，接待你的每個人、每道菜、每項體驗都經過當地風土的醞釀。猶如陳達可以一把月琴唱遊無數，走過11個社區，你也能讀到唱不完的恆春調。

千里步道，環島慢行
一生一定要走一段的土地之旅

作者：周聖心·
徐銘謙·陳朝政·
黃詩芳·楊雨青 合著
定價：380元
頁數：264頁
（大開本）

★ 跟著環台千里步道走透透，玩遍美麗風光！

★ 榮獲2011年開卷好書獎「美好生活書」
　 入圍第36屆金鼎獎「非文學獎藝術生活類」

千里步道發起人黃武雄說：「千里步道網就像一張大漁網，而這張大漁網掛滿著無數珍珠，構成了台灣的文化網、環保網、生態網。」

千里步道運動始於2006年4月23日，由徐仁修、小野、黃武雄邀請眾人共同參與，致力於保護台灣山海風光與人文之美。本書公開這條專為徒步行走及單車騎乘，近三千公里的環島路網，沿線經過社區、小徑、自然美景，是一條彰顯台灣特色的國家級環島慢速路網，勢必引動新一波環島運動風潮。

千里步道2：到農漁村住一晚
慢速·定點·深入環島路網上的九個小宇宙

作者：周聖心·林芸姿·
陳朝政·黃詩芳·
曾慧雯·楊雨青 合著
定價：350元
頁數：224頁+地圖大拉頁
（大開本）

★ 在地達人深度導覽：傳統農村、原鄉部落、
　 客家聚落、鹽村漁港、昔日煤鄉城

知名作家吳晟：「在一條條通往與土地真切的對話、互動的道路上，我們看到最美的風景，是人與家鄉不離不棄的情感，一種休戚與共的合鳴。」

給自己放個假期，到台灣小村小鎮，或個玩半天或住上一晚、兩晚，過著漫遊慢玩的小日子，讓生命經驗與情感得到不一樣的體驗：被毫無矯飾的自然風景給震懾，被塵封已久的人文地景給感動，甚至被村人尋常的話語給激勵……。

挪威，綠色驚嘆號！
活出身心富足的綠生活

作者：李濠仲
定價：350元
頁數：232頁
（大開本）

★ 富裕時代的簡單生活處方！

★ 馮光遠、李偉文、張鐵志 深度推薦

知名媒體人馮光遠讚美：「作者在挪威生活的諸多觀察體驗，最後都能轉化成帶著綠色利基的醍醐灌頂。」

台灣綠旅人李濠仲，來到物價將近台灣5倍的富國挪威，發現挪威真是充滿驚嘆號的綠色生活國！人民生活超簡樸——在圖書館寧抄寫卻不影印，在客廳沒有大燈照明，搬家大都用二手紙箱，務實天性只愛極簡實用品！美景很壯麗——再危險也幾乎看不到殺風景的安全柵欄、圍籬。

抗暖化關鍵報告
台灣面對暖化新世界的6大核心關鍵

作者：葉新誠
(台灣師範大學環境教育研究所教授)

定價：300元
頁數：256頁

★ 第一本台灣與世界同步抗暖化行動手冊！
★ 全球暖化，全球正在暖化，全球繼續暖化中！
　抗暖化無國界，台灣排碳量高，更不應置身事外！

中華經濟研究院院長蕭代基：「這本書釐清了許多混淆不清的抗暖化迷思、指引正確的觀念、匡正視聽，提供全民與政府正確的暖化基礎知識及應有的態度。

若地球增溫2度，台灣要怎麼辦？本書提供抗暖化行動的6大核心關鍵、光合作用、能源供需、綠色經濟、調適作為、超越減碳、馬上行動。擺脫只談節能與減碳，不談暖化與氣候變遷的跳躍思考，教你用新眼光、新態度面對人類史上從未經歷過的「暖化新世界」！

商業生態學
商業也可以很生態

作者：保羅‧霍肯
(Paul Hawken)
譯者：簡妤儒

定價：280元
頁數：336頁

★ 保羅‧霍肯除了是知名的環保思想家，也是成功的企業家。
★ 本書榮獲美國67所商學教授評選為商業和環境學教材第一名。

靜宜大學生態學系教授陳玉峯盛讚：「預估本書的理念或將在十至二十年後的台灣業界成為主流。」

綠色資本主義大施保羅‧霍肯提出了兼顧經濟發展與環境保護的雙贏策略！他在書中對於企業發展與生態保護的兩難有獨到見解，提出了突破性的「復原型經濟學　」；只要商業設計仿效自然界的循環系統，經濟成長便能與地球共生、共享、共榮。

綠色資本家
一個可永續企業的實踐典範

作者：雷‧安德生
(Ray C. Anderson)
譯者：鄭益明

定價：280元
頁數：336頁

★ 有遠見、良知的企業家、社會菁英乃至關心地球未來的社會大眾、必讀的借鏡學習實踐手冊。

台南大學環境與生態學院院長鄭先祐：「具有生態環保的內涵，更深入工商業界，觸動經濟動力。」

地球資源迅速耗竭，人類勢必將面對下一波的工業革命。全世界最大的商業大樓地板鋪材生產廠商之一英特飛，從製程管制、零廢棄物做起，立志成為「不向地球擷取一滴石油」的可永續企業，且生意還蒸蒸日上。證明了：做環保，不但對地球好，對企業更好！

發 行 人：陳菊
總 策 畫：陳金德

撰　　文：張學孔、張馨文、陳雅雯
文稿整理：唐達言、林佩穎、張耘禎

編　　輯：洪美華、王雅湘、何喬、陳昕儀
插畫繪製：蔡靜玫
美術設計：蔡靜玫
封面設計：楊啟巽工作室

發　　行：高雄市政府
地　　址：802 高雄市苓雅區四維三路 2 號
電　　話：(07)336-8333

出　　版
中興工程顧問股份有限公司
地　　址：台北市松山區南京東路五段 171 號
電　　話：(02)2769-8388

新自然主義 幸福綠光股份有限公司
地　　址：台北市杭州南路一段 63 號 9 樓
電　　話：(02)2392-5338
傳　　真：(02)2392-5380
網　　址：www.thirdnature.com.tw
E-mail　：reader@thirdnature.com.tw

郵撥帳號：50130123 幸福綠光股份有限公司
定　　價：新台幣 380 元（平裝）
　　　　　（購書運費 100 元、外島 120 元，500 元以上免運費）
本書如有缺頁、破損、倒裝，請寄回更換。
ISBN　　：978-957-696-817-4
GPN　　：1010202457

印　　製：中原造像股份有限公司
初　　版：2013 年 11 月
二　　版：2016 年 02 月

總 經 銷：聯合發行股份有限公司
　　　　　新北市新店區寶橋路 235 巷 6 弄 6 號 2 樓
電　　話：(02)2917-8022
傳　　真：(02)2915-6275
圖片提供：高雄市政府交通局、高雄市政府新聞局、高雄市政府捷運局、高雄市政府工務局、
　　　　　台大先進公共運輸研究中心、王雅湘、林小媛、林佩穎、沈芳瑜、吳益政、莊元拔、
　　　　　唐達言、黃柏仁、陳鎰萱、陳雅雯、張學孔、張馨文、張豐藤、張耘禎、張筧、蔡
　　　　　文淵、謝昱安

綠色
交通
慢活．友善．永續
（增訂版）
Green Transport

國家圖書館出版品預行編目 (CIP) 資料

綠色交通：慢活．友善．永續：以人為
本的運輸環境，讓城市更流暢、生活更
精采 / 洪美華主編 . -- 二版 . -- 臺北市
：新自然主義出版；高雄市：高市府發行，
2016.02
　面；　公分（綠色生活；018）
ISBN 978-957-696-817-4（平裝）
1. 交通政策 2. 都市交通

557.11　　　　　　　　　　105001695

寄回本卡，掌握最新出版與活動訊息，享受最周到服務

加入新自然主義書友俱樂部，可獨享：

會員福利最超值

1. 購書優惠：即使只買1本，也可享受8折。消費滿500元免收運費

2. 生 日 禮：生日當月購書，一律只要定價75折

3. 社 慶 禮：每年社慶當月（3/1~3/31）單筆購書金額逾1000元，就送價值300元
   的精美禮物（逾2000元就送兩份，依此類推。請注意當月網站喔！）

4. 即時驚喜回饋：（1）優先知道讀者優惠辦法及A好康活動

   （2）提前接獲演講與活動通知

   （3）率先得到新書新知訊息

   （4）隨時收到最新的電子報

入會辦法最簡單

請撥打02-23925338分機16專人服務；或上網加入http://www.thirdnature.com.tw/

（請沿線對摺，免貼郵票寄回本公司）

□□□□□

姓名：

地址：＿＿＿＿ 市 ＿＿＿＿ 鄉鎮 ＿＿＿＿ 路 ＿＿＿＿ 段
　　　　　　 縣 　　　　 市區 　　　　 街

　　　＿＿＿＿ 巷 ＿＿＿＿ 弄 ＿＿＿＿ 號 ＿＿＿＿ 樓之 ＿＿＿＿

廣 告 回 函
北區郵政管理局登記證
北 台 字 03569 號
免 貼 郵 票

幸福綠光股份有限公司
新自然主義股份有限公司

地址：100 台北市杭州南路一段63號9樓
電話：(02)2392-5338　傳真：(02)2392-5380
出版：新自然主義 · 幸福綠光
劃撥帳號：50130123　戶名：幸福綠光股份有限公司

新自然主義 讀者回函卡

書籍名稱：《綠色交通：慢活・友善・永續（增訂版）》

■ 請填寫後寄回，即刻成為新自然主義書友俱樂部會員，獨享很大很大的會員特價優惠（請看背面說明，歡迎推薦好友入會）

★ 如果您已經是會員，也請勾選填寫以下幾欄，以便內部改善參考，對您提供更貼心的服務

● 購書資訊來源： □逛書店　　　　□報紙雜誌廣播　□親友介紹　□簡訊通知　　　　　　　　　□新自然主義書友　□相關網站

● 如何買到本書： □實體書店　□網路書店　□劃撥　□參與活動時　□其他

● 給本書作者或出版社的話：

■ 填寫後，請選擇最方便的方式寄回：

（1）傳真：02-23925380　　　　（2）影印或剪下投入郵筒（免貼郵票）

（3）E-mail：reader@thirdnature.com.tw　（4）撥打02-23925338 分機16，專人代填

姓名：＿＿＿＿＿＿＿＿＿　性別：□女 □男　生日：＿＿年＿＿月＿＿日

★ 已加入會員者，以下框內免填

手機：＿＿＿＿＿＿＿＿　電話（白天）：（　　）＿＿＿＿＿＿

傳真：（　　）＿＿＿＿＿　E-mail：＿＿＿＿＿＿＿＿＿＿＿

聯絡地址：□□□□□ ＿＿＿＿＿＿縣（市）＿＿＿＿＿鄉鎮區（市）

＿＿＿＿＿＿路（街）＿＿段＿＿巷＿＿弄＿＿號＿＿樓之＿＿

年齡：□16歲以下　□17-28歲　□29-39歲　□40-49歲　□50-59歲　□60歲以上

學歷：□國中及以下　□高中職　□大學/大專　□碩士　□博士

職業：□學生　　□軍公教　□服務業　□製造業　□金融業　□資訊業
　　　□傳播　　□農漁牧　□家管　□自由業　□退休　□其他

BOOK

新自然主義

BOOK

新自然主義